Für Barbara, Robert und Loon –
sowie alle Spirale-Mitträumer
und Lebenstänzer

Günther Gold

Dimensionen der Wirklichkeit
Teil 2

Die Praxis des Nagual-Schamanismus

lernen, erleben, lehren, wirken

© tao.de in J. Kamphausen Mediengruppe GmbH, Bielefeld

1. Auflage (2017)

Autor: Günther Gold
Umschlaggestaltung: Günther Gold und Christian Mikulaschek
Umschlagfoto: Aufnahme des Autors - Yaxchilan; Chiapas; Mexiko; 1987
Printed in Germany

Verlag: tao.de in J. Kamphausen Mediengruppe GmbH, Bielefeld, www.tao.de,
eMail: info@tao.de

Bibliografische Information der Deutschen Nationalbibliothek:
Die Deutsche Nationalbibliothek verzeichnet diese Publikation in der
Deutschen Nationalbibliografie; detaillierte bibliografische Daten sind
im Internet über http://dnb.d-nb.de abrufbar.

ISBN Hardcover: 978-3-96240-008-8
ISBN Paperback: 978-3-96051-933-1
ISBN e-Book: 978-3-96240-007-1

INHALTSANGABE – TEIL 2

Die Praxis des Nagual-Schamanismus
lernen, erleben, lehren, wirken

Dieser 2. Teil der Trilogie „Dimensionen der Wirklichkeit" besteht hauptsächlich aus Erlebnis- und Erfahrungsberichten meines Lernens und Wirkens in meiner kleinen Nagual-Gruppe mit Barbara, Robert und Loon, vorwiegend am Lebenstanz, einer jährlich stattfindenden großen Gruppenzeremonie, – sowie aus meiner „Arbeit" in meiner Ausbildungs- und Forschungs-Gruppe tapferer Fortgeschrittener, der Spirale. Ergänzt werden diese Erfahrungsberichte durch einige Rückblicke in die Anfangszeiten meiner „Ausbildung".

Ich hoffe, damit möglichst viele Menschen zu inspirieren und ihnen Lust zu machen, sich mit anderen Gleichgesinnten zusammenzutun und sich mutigen Herzens freudig und kreativ daran zu wagen, den Geheimnissen des Lebens nachzuspüren, um für ihr Da-Sein einen tieferen Sinn zu finden. – Und in diesem Verständnis so ein „Schamane" zu sein, wie es Schamanen seit jeher waren und sind. Für sich selbst und für andere – Mittler sowohl zwischen dem Menschen und den Geheimnissen der Natur, als auch dem Menschen und den höherdimensionalen Möglichkeiten des Mensch-Seins.

VORWORT

Dimensionen der Wirklichkeit – Teil 2
Die Praxis des Nagual-Schamanismus
– lernen, erleben, lehren, wirken

Wie kommt man als Mitteleuropäer dazu, so etwas wie Nagual-Schamanismus – ein uraltes, auf toltekische Traditionen zurückgehendes Weltbild mit entsprechender Lebenseinstellung – überhaupt kennenzulernen, zu erlernen, auszuüben und schließlich anderen zu vermitteln? Da braucht es wohl einige zusammenkommende, nichtalltägliche Faktoren. Auf jeden Fall die Bereitschaft, sich auf gänzlich Neues und Anderes einzulassen, die Sehnsucht nach zufriedenstellenden Antworten auf die Frage nach dem „Sinn des Ganzen" und die Überzeugung, dass es noch um etwas Anderes im Leben gehen muss, als die bisher kennengelernten Weltbilder, Erkenntnistheorien und Beschäftigungsmöglichkeiten andeuten; – und dann muss man wohl auch noch zur richtigen Zeit am richtigen Ort gewesen sein. Sicher spielte in meinem Fall auch noch die Tatsache mit, dass ich schon als Kind und Jugendlicher eine ganz besonders intime Beziehung zu Natur, Bäumen und Tieren hatte, – aber wahrscheinlich hat das ja jedes Kind, bis man es ihm ablernt und abgewöhnt. Auf jeden Fall war ich schon immer davon überzeugt, dass die gesamte Natur von den kleinsten Bausteinen bis zu den riesigen Himmelskörpern da draußen belebt und beseelt ist, und diese Einstellung findet sich im Herzen jeder Art von Schamanismus wieder.

Da diese Buch-Trilogie doch in überwiegendem Ausmaß ein Werk über „Schamanismus", – wenn auch über eine spezielle Ausprägung, den Nagual-Schamanismus, – geworden ist, halte ich es für notwendig, auf eine häufig gestellte Frage gleich zu Beginn einzugehen.

Ist Schamanismus heute überhaupt zeitgemäß?

Es gibt ja die sehr weit verbreitete Ansicht, dass Schamanismus bloß Aberglaube und Scharlatanerie aus längst überholtem archaisch, animistischem Sein und Denken vergangener Zeiten ist, und ein künstlich belebtes, in unsere „aufgeklärte" Zeiten längst nicht mehr passendes und höchstens noch folkloristisch interessantes Relikt ist. Vielleicht braucht es deshalb hier doch ein paar Sätze zur (Er)Klärung.

Schamanen waren höchstwahrscheinlich durch all die Jahrtausende ihres Wirkens die ersten, die in trans-personale Bewusstseinsstufen vorgedrungen sind. Wenn vielleicht auch nicht viele „dauerhaft", so doch ganz sicherlich immer wieder in ihren „Bewusstseins-Zuständen". Der Schamane, der sich mit Pflanzen, mit Tieren und mit Ahnengeistern nicht nur verbinden, sondern gegebenenfalls eins werden kann, der mit seinen Ausflügen in die „Anderswelt" die Konsensrealität der jeweils aktuellen Kultur durchdringt, aufweicht und relativiert, muss notwendigerweise das Ego transzendieren und sein Selbst als das Selbst des Alles erfahren.

In seinen „Träumen", „Trancen" und vielleicht auch „ekstatischen Zuständen" erfährt der Schamane, dass er und die Welt eins sind. Er „weiß" dass sein Körper sich aus Millionen von Mineralien, Pflanzen und Tieren zusammensetzt, die allesamt ihn ihm und mit ihm leben, dass er in dieser Hinsicht ein Heimat-Planet ist, – auch für die Ahnenwesen, die durch ihn weiterleben. Er erfährt sich in Resonanz mit „Großmutter Erde" und zugleich als Kind von ihr. Er hat zumindest die transpersonale Bewusstseinsstufe der „Natur-Mystik" erreicht. (Siehe auch Teil 3, Kapitel 19.3). Er ist sich bewusst, dass er durch seine Atmung, seinen Herzschlag und seinen Blutkreislauf untrennbar mit den großen Kreisläufen des Lebens, der Natur, des Planeten Erde, des Mondes, der Sonne und des gesamten Universums verbunden und somit angeschlossen ist an das gesamte atmende, pulsierende, lebendige Gesamtgefüge der Natur und des Kosmos. Er ist sich bewusst, dass er mit allen Wesen auf vielschichtige Art verbunden ist, indem er z.B. den Sauerstoff einatmet, den Bäume ausatmen und er seinerseits ihnen sein Ausatmen schenkt. Er denkt vielleicht, dass, da es Bäume ja wahrscheinlich schon wesentlich länger gibt als Menschen, es durchaus sein könnte, dass sie uns erträumt haben als ihr nicht-verwurzeltes Komplementär-Wesen. Auf jeden Fall fühlt er sich anderen Mit-Wesen nicht überlegen und schätzt jedes für seine Talente und Gaben und für seine spezielle Art, das Leben zu meistern.

Diese Einstellung und diese Bewusstseinstiefe eines Schamanen sind die Voraussetzung für seine schamanische Tätigkeit.

Wenn ein Schamane einen Federfächer, zum Beispiel von einem Raben benutzt, um vielleicht die stockende Energiebahn eines „Patienten" zu analysieren und in Schwung zu bringen, so mag das für einen Außenstehenden so aussehen, als würden hier abergläubische, rückständige, seltsame und völlig unwirksame Handlungen vollzogen werden. Wenn man aber weiß, dass dieser Schamane in seiner Vergangenheit sich einen Raben zum Krafttier gemacht hat – und das heißt, dass er sich durch die Fähigkeiten des *„Gestalt-wechselns"* in so ein Tier *hineingeträumt* hat, es in vielerlei Hinsicht *angepirscht* hat und „geworden" ist, indem er sich intensiv mit den Verhaltensweisen dieses Tieres befasst hat und vielleicht selbst eines großgezogen und zum Freund gehabt hat, dann kann man sich vielleicht besser vorstellen, dass da ganz etwas anderes geschieht.

Für den Schamanen ist dieser Rabenflügel oder diese Rabenfeder in diesem Moment keine Feder – für ihn verwandelt sich diese in Zeit und Raum „eingefrorene" Feder durch seinen Zugang durch den „Kanal" in höhere Dimensionen und tiefere Seins-Ebenen, zur ganzheitlichen, archetypischen Gestalt „Rabe". Der Schamane „entfaltet" die Energie dieses Tieres und es wird „lebendig", es flattert, fliegt, frisst und kreischt und der Schamane ist eins mit ihm, und der Flügel ist zu seinem eigenen geworden. Und er spürt den Luftwiderstand und das Getragen-werden und in ihm erwacht die Fähigkeit des Raben, lebendige, kranke und sterbende Energien zu erkennen und zu unterscheiden. Somit stellen sich die Handlungen des Schamanen für einen nicht Außenstehenden, einen „Eingeweihten" anders dar.

In diesem Licht ist es natürlich höchst erstaunlich, wie viele Menschen mit Trommeln, Rasseln, Federn und sonstigen Werkzeugen bewaffnet „schamanisch" unterwegs sind. Ihre Sehnsucht nach der Verbindung, nach dem Ursprünglichen, nach dem archaisch Wesenhaften, das sie wahrscheinlich dabei anzieht und antreibt und von dem sie durch ihr Tun sicher eine Ahnung bekommen werden, ist zu ehren. Aber natürlich genügt es nicht, wenn ein auch noch so schamanisch Begeisterter, ohne sich die entsprechenden Fähigkeiten angeeignet zu haben, und ohne Zugang zu den dafür notwendigen Seins- und Bewusstseins-Zuständen zu erlangen, diese – dann natürlich völlig unwirksamen – Handlungen imitiert.

Zu glauben, dass die Feder alleine die gewollte Wirkung erzeugt, ist dann wirklich Aberglaube, Scharlatanerie und Dummheit.

Nun – ist Schamanismus heute also zeitgemäß?

Wenn man sich die Entwicklung des menschlichen Bewusstseins und der entsprechenden Weltsichten durch die Jahrtausende betrachtet, (Teil 3; Kapitel 19), so könnte man durchaus zur Ansicht kommen, dass die Beschäftigung mit Schamanismus wohl ein Rückfall in eines der ganz „alten", zwar ursächlichen aber auch in der weiteren Bewusstseinsentwicklung „primitivsten" und „überwundenen" Bewusstheits- und Weltsicht-Ebenen bedeutet. Schließlich geht doch die Entwicklung von archaisch, magisch, mythisch, rational über global hin zu den transpersonalen Bewusstseins-Ebenen.

Dies ist zwar durchaus richtig, nur gilt es dabei zu bedenken, dass eine Weiterentwicklung auf eine nächste Stufe bedeutet, dass die vorherigen integriert und überschritten (transzendiert) worden sind.

Die Betonung liegt hier auf „integriert" und das bedeutet natürlich nicht abgeschnitten, verleugnet und verdrängt – sondern, dass sie als Teil des bewussten Selbst gelebt und mitgenommen werden zur nächsten Ebene. Und angesichts der Tatsache, dass das Leben der meisten Menschen doch unleugbar zunehmend nüchtern, technokratisch, unsinnlich, isoliert und sinnentleert wurde, wird das Wiedereinbeziehen von Aspekten, die in der rationalen Bewusstseinsentwicklung „überwunden", sprich abgespalten aber nicht transzendiert und integriert wurden, dringend notwendig. Nur so wird unser Leben wieder naturnäher, sinnlich erfahrbar, berührbar, demütiger, verbundener, – einfach bunter und reicher und in diesem Sinn wieder „magisch".

Es geht darum, sich seine Wesenhaftigkeit und die Schönheit der Naturverbundenheit zurückzuerobern und sich selbst wieder als ganzheitliches Mit-Lebewesen eines zutiefst verbundenen und gemeinsam schwingenden Netz des Seins zu erfahren.

Und dann kann zum Beispiel eine Schwitzhüttenzeremonie in vielerlei Hinsicht und in hohem Grad archaisch sein. Das Spiel der Elemente – Feuer – rot-glühend heiße Steine – Wasser – Dampf, Zischen, Gerüche, Schweiß, – heiße Luft – nackte Leiber, auf feuchter Erde sitzend, – dampfend hinaus in einen Bach oder in den Schnee – dann ans niederbrennende Feuer – Nacht-Sternenhimmel und Gemeinschaft erlebbar, – zusammen Zugehörigkeit erfahren – Eins mit allem – Magie.

Natürlich ist das aber kein „Rückfall" in archaisch-magische Bewusstseinsstufen, sondern ein Wiedererfahren und Rückintegrieren und Wieder-spürbar-machen von Verbundenheit mit der elementaren Natur des Mensch-Seins und der Wirkungen der physischen und nicht-physischen Realitäten bis hoch hinauf in die transpersonalen Ebenen.

Ich bin überzeugt davon, **dass Schamanismus** – zumindest so, wie ich ihn erfahre, lebe und in meinen Gruppen praktiziere – **höchst**

zeitgemäß und vielleicht sogar für die Menschheit überlebens-
notwendig ist. In dieser Trilogie werde ich diese Meinung ausreichend begründen.

**Aber worum genau geht es bei der Beschäftigung mit <u>Nagual-
Schamanismus</u>?**

Im Großen und Ganzen geht es im Nagual-Schamanismus und natürlich auch bei der Arbeit in meinen Ausbildungsgruppen und insbesondere in meinem Wirken in der Spirale, meiner „Zauberer-
werkstätte", darum, die Multi-Dimensionalität des Mensch-Seins zu
erforschen und zu erfahren. (siehe auch Teil 1)

Alles, was ich hier erlebte, die Teachings, die Übungen, die Erfahrungen und das Forschen in all den Jahren, findet stets an den
Schnittstellen zwischen den Dimensionen statt. Anfänglich im Bereich der (nagual-schamanischen) 4. Dimension, – den feinstofflichen Erfahrungsbereichen der Gefühle und Emotionen sowie der
Gedanken, Überzeugungen und beliefs – nach „unten" orientiert zur
3. Dimension, – unserer physisch manifestierten Realität, – und im
fortgeschrittenen Verlauf nach „oben" ausgerichtet, hin zu den Dimensionen 5 und 6, – den Bereichen der potentiellen Möglichkeiten
und der unbegrenzten Imagination.

Und es ist nicht nur die Arbeit in der Spirale und im Nagual-
Schamanismus – man kann unser gesamtes Leben, unser irdisches
Dasein als Spiel an den Schnittstellen zwischen der 3. und der 5. Di-
mension, im Bereich der 4. Dimension sehen.

Am Beginn unserer Persönlichkeitsentwicklung mühen wir uns
damit ab, mit größeren und kleineren emotionalen Verletzungen, jeder Menge übernommener Glaubenssätze und Überzeugungen, einem dem entsprechenden Selbstbild und der aus all dem resultieren-
den Weltsicht irgendwie Sinn, Wert und Glück zu finden. Wir versuchen in dem Strudel und den hohen Wellen zwischen der 3. und der
4. Dimension – im Zusammenwirken unserer Körperlichkeit, den

Emotionen und den Denkprozessen – nicht abzusaufen, und hoffen auf ruhigere Gewässer, kämpfen um ein wenig Übersicht und rufen manchmal vielleicht sogar „Land in Sicht!".

Unsere Persönlichkeitsentwicklung besteht erst mal darin:
- unsere Emotionen zu erforschen, zu heilen – und zu lernen und zu üben, sie als lebensbereichernd und glücklich-machend zu erfahren;
- unsere Einstellung zu uns Selbst, den Anderen und dem Leben auf eine Art neu zu erfinden, die uns selbst, die anderen und das Leben nicht weiterhin verletzt und missbraucht;
- einen gesunden Umgang mit unserer Körperlichkeit und eine ausreichende berufliche und finanzielle Grundlage zum Überleben zu entwickeln;
- einen Sinn im Leben und so etwas wie eine Vision und persönliche Mission zu erahnen;
- und mit den heftigen Stürmen und Beben unserer Sexualität fertig zu werden und eventuell sogar so etwas wie Beziehungsfähigkeit zu erreichen.

Viele Menschen werden ihr ganzes Leben damit beschäftigt sein, diese Punkte abzuarbeiten und etwas Darüber-hinaus-Gehendes bleibt für sie außer Reichweite. Ihr Lebenskampf findet ihr gesamtes Dasein lang an der Schnittstelle zwischen der 3. und der 4. Dimension statt, – zwischen Körperlichkeit, Emotionen und Denkprozessen.

Hat man allerdings die obigen Aufgaben zufriedenstellend erfüllt und kann das 3. und 4. dimensionale Sein und die gegenseitige Befruchtung und Harmonie genießen, dann beginnt die Orientierung „nach oben". Jetzt geht es darum die höheren Dimensionen zu erforschen. Was aus dem Bereich der unbegrenzten Möglichkeiten, was aus diesen unendlichen persönlichen und kollektiven Traum- und Bewusstseins-Feldern kann 4. dimensional gefühlt, gedacht, erträumt, beabsichtigt, bestimmt und 3. dimensional verwirklicht werden.

Die Entwicklung geht also von einem „Sich-zurecht-Finden" im Vorgegebenen – hin zum „Neu-Erschaffen" von Möglichem.

Und hier wird es wohl erst mal um die Schnittstelle zwischen der 5. und der 6. Dimension gehen. Also um das jetzt noch kaum vorstellbare Feld der Imagination für alles nur Erträumbare. Und weiter vom Erträumen des Unbekannten hinein ins Erahnen des Nicht-zu-Kennenden der 7. Dimension. (Eine genaue Aufschlüsselung und Darstellung dieses Dimensionen-Modells findet sich auch in Teil 3).

Um sich diesen höher-dimensionalen Bereichen anzunähern bedarf es allerdings tiefgehender Ego-Transzendenz und Erweiterung hinein in transpersonale Bewusstseins-Zustände. Die im Theorieteil des Buches beschriebenen „Fünf Schritte des Erwachens" sowie das Üben und Perfektionieren der „Nagual-Fähigkeiten" sind brauchbare, gut anwendbare Werkzeuge dafür.

Als ewige Kraftquelle und Sog für die Orientierung „nach Oben" wirkt und winkt das Eins-Sein mit Allem, das Allumfassende-Bewusstsein und -Gewahrsein, – eine in sich ruhende stille, umfassende Glückseligkeit – oftmals auch „Erleuchtung" genannt.

Dieser zweite Teil, der Praxis-Teil des Buches ist sehr persönlich und autobiografisch. In einigen Kapiteln werden mein Einstieg, mein Lernen und meine Erfahrungen beschrieben. In anderen wird der Versuch unternommen, Erlebnisse und Erkenntnisse, die in andern Bewusstseinszuständen und anderen Wirklichkeits-Dimensionen geschehen, allgemein verständlich zu beschreiben. Es ist schon schwierig genug, solche Erfahrungen in verständliche Symbolik und Sprache zu übersetzen, was ja geschehen muss, so mehrere an einer Erfahrung beteiligte Personen darüber kommunizieren wollen. Dies jedoch dann einer Leserschaft, die ja an der Erfahrung nicht teilnahm, nachvollziehbar zu beschreiben, ist wahrscheinlich gar nicht wirklich möglich.

Und so habe ich mich schweren Herzens dafür entschieden, von den vielen dutzenden für mich und den daran Beteiligten hoch spannenden Erfahrungen in diesen Dimensionen nur ein paar wenige, die mir wenigstens irgendwie in „allgemein verständlicher Symbolik" erklärbar schienen, ansatzweise zu erzählen.

Insbesondere bei diesen Versuchen und diesen Teilen des Buches gingen manche, denen ich Manuskriptauszüge zu lesen gab, davon aus, dass Vieles, vielleicht sogar das Meiste des Beschriebenen, reine Fiktion ist. Umso erstaunter waren sie, als ich ihnen unmissverständlich versichern konnte, dass alles hier Beschriebene keine fiktiven, erfundenen oder zumindest übertriebenen Geschichten sind, sondern wahre Begebenheiten, – sofern es die Wahrheit sein kann, wenn Ereignisse, an denen mehrere Personen beteiligt sind, nur von einer Person beschrieben werden. So ist alles hier Beschriebene natürlich, wie jede Wahrnehmung auch, subjektiv – aber von mir so erlebt.

Da ich danach gefragt wurde, möchte ich auch klarstellen, dass alle beschriebenen Erfahrungen ausnahmslos ohne bewusstseinsverändernde Drogen und Substanzen gemacht wurden.

Auch wurde ich davor gewarnt, dass insbesondere dieser Teil 2 mit den Berichten und Erzählungen meiner Erfahrungen „in anderen Dimensionen" von Menschen, die mit solchen Bewusstseinszuständen nicht vertraut sind, vielleicht gar nicht verstanden werden können – und sie so möglicherweise keinen Zugang dazu bekommen werden.

Doch selbst, wenn es fallweise so wäre, finde ich diesen Teil 2 dazugehörig.

Denn es ist eine Sache, **theoretisch** über eine, wenn auch noch so ungewöhnliche und interessante Ausbildung zu berichten und Überlegungen über die Wirklichkeit und das Leben anzustellen. Es mag auch faszinierend sein, über verschiedene Dimensionen-Konzepte zu spekulieren und die Möglichkeiten der Wirklichkeitserschaffung anzudenken. Doch ist es noch einmal eine andere Sache, sich **konkret und praktisch** auf diese Dimensionen und Möglichkeiten einzulassen, sich in Erfahrungen zu stürzen, von denen man noch keine Konzepte und Vor-Erfahrungen hat.

Dem interessierten, aufmerksamen Leser wird dabei auch auffallen, dass sich die theoretischen Erkenntnisse des ersten Teiles und die praktischen Erfahrungen des zweiten des Öfteren einander bereichernd und befruchtend ergänzen.

Und noch eine vielleicht nicht unbedeutende Anmerkung. Wie schon erwähnt habe ich nur einige der Erfahrungen in „anderen Dimensionen" ausgewählt und so gut es ging beschrieben, es gab daneben aber auch solche, die nahezu unmöglich zu beschreiben sind. Es scheint so zu sein, dass in noch höheren Bewusstseinsdimensionen die Erfahrungen praktisch jenseits von „bildlichen, archetypischen, mit etwas Vertrautem" vergleichbar und somit beschreibbar erscheinen. Am ehesten erfährt man mehrdimensionale, geometrische Formen, und „nimmt teil" an ineinander übergehende Licht- und Klang-Phänomene, Trichter-, Spiral- und Raumverdrehungen verbunden mit All-Gewahrsein, Schwebe- und Glückseligkeits-„Empfindungen".

Um den „Non-Fiction-Charakter" dieses Buches noch deutlicher zu machen, habe ich mich dazu entschlossen, die wichtigsten vorkommenden Personen mit ihren richtigen Namen zu benennen – diejenigen, die damit einverstanden waren und diejenigen, von denen ich annehme, dass sie nichts dagegen haben. Bei manchen, bei denen ich mir nicht sicher war, bzw. zu denen ich schon länger keinen Kontakt mehr habe, oder die auch schon verstorben sind, verwende ich nur die Initialen und Abkürzungen.

Meine 15-jährige nagual-schamanische Ausbildung und meine seither weitere über 19-jährige intensive Beschäftigung und Tätigkeit auf diesem Gebiet waren übervoll mit herausfordernden zeremoniellen Erfahrungen und spannenden und ganz sicherlich auch Berichtens-werten Erlebnissen. Würde ich allerdings versuchen wollen, alles mir oder auch jemand anderem interessant Erscheinende zu beschreiben, überstiege dies bei weitem den Umfang mehrerer „normaler" Bücher – und so habe ich mich entschlossen, im Großen und Ganzen einem Ereignisfaden und Erkenntnisstrang ausgehend vom Jahr 2005 bis 2013 zu folgen, und diesen mit Rückblicken und Entstehungserklärungen aus den Jahren des Lernens und Erlebens beginnend 1983 zu mischen.

So lade ich den Leser und die Leserin herzlich ein, sich mit mir kopfüber in die Mitte einer Geschichte zu stürzen, die eigentlich schon weit mehr als 20 Jahre davor ihren Anfang nahm.

1.
DAS ENTDECKEN DES GEMEINSAM-BEABSICHTIGENDEN-TRÄUMENS

1.1 Der 13. Lebenstanz

THE CONNECTING LINK TO INTENT

Es ist Dienstagabend, am 2. August 2005 in La Val Dieu, und wir sitzen in der letzten der Vorbereitungs-Schwitzhütten zum Einzug in den Tanzplatz. Wir, das sind meine kleine „Nagualgruppe" und ich, wir sind die vom Lebenstanzkollektiv sogenannten „Ältesten".

...

In den 80ern und 90ern hatten wir, während unserer langjährigen und äußerst intensiven „Nagual-Schamanismus-Ausbildung" in den Vereinigten Staaten, Mexiko und Guatemala einige nordamerikanische Träumer-Sonnentänze mitgemacht. Und dabei entstand die Vision, solche Sonnentänze auch in Europa zu organisieren und zu tanzen. Während der ersten drei bis vier Tänze in La Val Dieu, einem wunderschönen Platz in der Nähe von Carcassonne in Süd-Frankreich, haben wir sehr viel über die Alchemie, die Energetik und die Choreographie eines solchen Tanzes gelernt. Gleichzeitig haben wir aber auch erkannt, dass wir „unseren" europäischen Tanz in vielerlei Hinsicht anders gestalten wollen und müssen, als dies unser Lehrer tat.

Da die von uns gewünschten Veränderungen im Zusammenwirken mit ihm nicht möglich waren, begann nach unserer Trennung vom Nagual Tehaeste 1998 die spannende und herausfordernde Zeit, in der wir behutsam aber beständig alchemische und choreographische Veränderungen vornahmen, mit der Absicht, – einerseits die Magie und die zweifelsohne wirksame Kraft der Zeremonie zu bewahren und noch zu verstärken und – andererseits den Tanz, den wir ab da „Lebenstanz" nannten, bestmöglich den Anforderungen und dem Grad der Bewusstheitsentwicklung unseres europäischen Lebenstanzkollektivs entsprechend anzupassen.

Dieses Kollektiv bestand und besteht – wir tanzten 2012 den 20.Tanz – beständig zwischen 200 und 300 Menschen aus ganz Europa.

...

Ich bin in dieser Schwitz-Hütte der „Dance-Chief" (das ist der für den Ablauf einer Zeremonie verantwortliche) und aus einem Impuls heraus, schlage ich vor, dass wir uns alle in unser „Doppel" verwandeln.

...

Sich in das Doppel zu verwandeln, bzw. das „Handschuhdoppel" anzulegen bedeutet, dass man seine drei- und vier-dimensionalen Persönlichkeitsanteile, – also die im allgemeinen dominante und vorherrschende physische, emotionale und mentale Alltagspersönlichkeit, – nicht mehr als alleinige „Wirklichkeit bestimmende" Filter wirken lässt, sondern dafür sorgt, dass sie als möglichst neutrale „Symbol-Übersetzer" Erfahrungen höher-dimensionaler Persönlichkeitsanteile zulassen.

Auf einer bildlichen Ebene geschieht das, indem man sich energetisch von innen nach außen umstülpt, sodass die innere Seite über der äußeren ist. So ähnlich, wie wenn man einen engen Handschuh so auszieht, dass nachher das Innere nach außen gestülpt ist.

Dies ist eine der Techniken des „Somersault of Thought", des energetischen Umstülpens oder Umkehrens, das immer geschieht, wenn man Erfahrungs-Dimensionen wechselt. Dieses „Umstülpen" hat vermutlich auch damit zu tun, dass die unterschiedlichen Auraschichten anders gruppiert und gewichtet werden und somit eine andere energetische „Filter-Wirkung" und somit Realität ermöglicht wird. (Genaueres zum Doppel, den höherdimensionalen Persönlichkeitsanteilen, sowie zum nagual-schamanischen Dimensionen-Modell, siehe Teil 1, Kapitel 1.3.6 und Teil 3).

•••

Nachdem wir also alle das Handschuhdoppel angelegt haben, spreche ich die von uns vorher abgemachte „Absicht" unserer Zeremonie. Wir wollten in einer Art Visions- oder Traumzeremonie – wie genau, war uns nicht klar – *mehr erfahren über das Wesen Lebenstanz. Uns öffnen für alles, was wir in Bezug auf den Lebenstanz und unserer Funktion als Älteste nicht kennen -* Wir wollten Einblick in das „Nagual-Spiel" des Lebenstanzes.

Nachdem ich die Absicht in den Raum gesprochen habe, sind wir alle völlig leer und still, in wahrnehmendem Gewahrsein. Wir haben ja keine Ahnung, was geschehen wird. Obwohl es um die Mittagszeit ist, ist es in der mit Decken und einem Fallschirm abgedeckten Hütte ganz dunkel. Von draußen sind immer wieder mal Geräusche der anderen drei gleichzeitig stattfindenden Schwitzhüttenzeremonien, in denen sich die Teilnehmer des Lebenstanzes auf den Einzug vorbereiten, zu hören. Das Scharren der Schaufeln, mit denen die glühenden Steine in die Hütten gebracht werden, Wortfetzen von Gebeten und der gedämpfte Klang von Liedern.

Der Schwitzhüttenplatz – im Hintergrund der „Bugarach"

Nach einer recht lang empfundenen Zeit der Stille, bemerken wir, dass unsere Körper eine andere Haltung einnehmen wollen und nach einer Zeit des Einfühlens und Probierens finden wir uns alle auf Knien und Unterarmen aufgestützt in einer Art Löwenstellung wieder. Wir bilden einen Kreis, mit unseren Köpfen zur Mitte gerichtet. Aus dem Dunkel im Zentrum erscheint eine Art Sigille, ein sternförmiger Eingang, der aber vorerst verschlossen ist. Es erinnert erst an einen Granatapfel, aber es stellt sich als Schnabel-Maul eines Oktopusses / einer Krake heraus. Nach kurzem Zögern ist mir klar, dass unsere Reise hier hinein durch das Maul des Kraken gehen muss. Erinnerungen anderer schamanischer Erfahrungen, die oftmals mit einem „shamanic dismemberment" begannen, – einer Art Zerfleischtwerden und Von-den-Knochen-gelöst-werden, einer Auflösung in kleinste Bestandteile, – und die ich ja auch alle überlebt hatte, lassen mich mit Zuversicht in die Schnabel-Öffnung fallen. Die anderen lassen sich auch reinfallen und wir finden uns auf der anderen Seite in einem großen unterirdischen Raum. Bald wird aus dem Erfahrungsaustausch klar, dass wir Löwen sind, die steinernen assyrisch/ägyptischen Löwen-Wächter-Figuren ähneln. Wir schauen uns in dem Raum um und erfahren seine Wände als netzartig, organisch, pulsierend. Ich habe den Impuls mich in dieses Netz hineinzubegeben und „weiß", dass man darin aufgelöst, durch reines Beabsichtigen, reisen kann. Robert findet es nicht gut, wenn wir alle das tun und schlägt vor, dass jemand als eine Art Wächter draußen bleibt, um uns bei Bedarf eventuell rückholen zu können. Barbara erklärt sich bereit, das zu tun und wir anderen lösen uns in dem organischpulsierenden Netz auf.

Nach einiger Zeit der völligen Leere und dem feinen „Hineinspüren", was von „mir" noch da ist, wird mir klar, dass hier in diesem Raum und Zustand alles geschehen könnte, was man beabsichtigt, das Problem ist nur, ist man erst mal in dem Netz aufgelöst, verliert man jegliche Absicht, man wird selbst gallertartig und absichtslos.

Ich bemerke, dass mein Körper inzwischen eine Buddha/Meditation-Haltung eingenommen hat und weiß, dass es nichts zu beabsichtigen gibt, da alles gut ist, so wie es ist. Die Anderen sind auch schon in dieser Haltung oder nehmen sie jetzt ein. Auch die anfänglich nicht mitgegangene Wächterin Barbara ist jetzt wieder bei uns, da klar ist, dass es keiner Bewachung bedarf.

Es fühlt sich unglaublich angenehm an und so bleiben wir eine kleine Ewigkeit in diesem amorphen und zugleich organisch scheinenden Raum der potentiellen Schöpfungsmöglichkeit. – Wir haben das Gefühl, wir könnten genauso gut ewig hier verbleiben und einige haben auch einen stärkeren Drang, in diesem Raum zu bleiben als ihn zu verlassen.

Als Dance-Chief ergreife ich jetzt die Initiative und bemerke, dass wenn ich mich in eine Art körperliche Starre begebe, ich sofort zum Steinlöwen in dem großen Raum werde – alle machen das – und von dort beabsichtigen wir uns wieder in die gewohnte physische Form in der Schwitzhütte.

Wir haben keine Ahnung, wie viel Zeit in der „Außenrealität" vergangen ist, aber wir fühlen uns, als wären wir sehr, sehr lange unterwegs gewesen.

Da einige von uns noch Aufgaben im Kollektiv übernommen haben, – so muss ich z.B. jetzt gleich im Anschluss an unsere Hütte eine Schwitzhütte für die Trommler und Sänger leiten – beschließen wir, die für uns alle überwältigenden Erlebnisse unserer Zeremonie später zu besprechen.

Ich schlage die Decke am Eingang vorsichtig Stück um Stück hoch, damit sich unsere Augen wieder an das gleißende Sonnenlicht gewöhnen. Das Licht ist jedoch nicht das einzige, an das ich mich wieder gewöhnen muss. Ich befinde mich in einem sehr seltsam anfühlenden Zustand, wie in einer Art Zwischenwelt, irgendwo zwischen Dimensionen, nicht ganz zusammengesetzt. Den anderen geht es wohl ähnlich.

Es muss doch erheblich mehr Zeit vergangen sein, als für unsere Schwitzhütte vorgesehen gewesen war, denn in zwei der anderen drei Hütten hat schon die zweite Runde von Schwitzhüttenzeremonien begonnen und vor der Süd-Hütte stehen schon die Trommler und Sänger bereit, um von mir „eingefächert" zu werden.

Bereit zur Zeremonie

...

- Einfächern heißt: Der Schwitzhüttenleiter streicht mit einem Feder-Fächer auf bestimmte Weise über den Energiekörper desjenigen, der in die Hütte will, und spricht dabei einige wenige Worte, die daran erinnern, dass man nicht für sich alleine diese Zeremonie macht, sondern im Bewusstsein seiner Herkunft, seiner Ahnen, seiner Verwandtschaft, beginnend bei den Elementgeistern und allen Wesen, die vor uns waren, über vergangene und zukünftige Lebenszeiten, Blutsverwandte und wichtige andere, bis zu allen Wesen überhaupt. (Das Rad der Ahnen siehe Teil 3, Kapitel 9.6).

...

In einer Mischung aus Stolpern, Schweben und mich „Hinbeabsichtigen", gelange ich schließlich vor die Hütte und beginne einen nach dem anderen einzufächern. In die Hütte passen höchstens an die 35 bis 40 Menschen hinein – aber in meiner Realität stehe ich jetzt schon Stunden da und die Menschenschlange reicht noch immer bis zum Horizont. Irgendwann sind dann doch alle drinnen und ich leite die Zeremonie. Später habe ich keine Erinnerung mehr, wie das gegangen ist, aber irgendwie dürfte ein Teil von mir doch gut funktioniert haben.

Am Abend beginnt der eigentliche Tanz mit dem feierlichen Einzug in den Tanzplatz und der Eröffnung durch das neue Leitungsteam.

...

Erklärung zum „neuen Leitungsteam":

Wir, die Ältesten haben beginnend 1994 mit dem ersten Sonnentanz in LaValDieu in Südfrankreich diese Tänze, organisiert, geleitet und choreographiert – anfangs noch unter der Aufsicht von Tehaeste – ab 1998 dann als „Lebenstänze" selbständig und alleine. Ab 2004 haben wir die Organisation, Durchführung und Leitung des Tanzes dann an ein neues von uns gründlich dafür geschultes und vorbereitetes Leitungsteam übergeben. Dieses Weitergeben der doch recht aufwendigen organisatorischen Tätigkeiten während des Jahres sowie beim Tanz selbst, ermöglichte uns frei zu werden für andere Erfahrungen während des Tanzes.

Mit der Art, wie wir diese Übergabe gestalteten, haben wir etwas gewagt, was in der Gesellschaft und der Wirtschaft leider völlig unüblich ist. Die erfahrenen Älteren machen Platz für nachrückende jüngere, müssen aber nicht „sterben" (aus der Firma ausscheiden, in Pension gehen), sondern bleiben „im Betrieb", stehen für Rat und Tat weiterhin zur Verfügung. Und doch sind sie frei geworden für andere Aufgaben rund um das Wohl des Betriebes. Aufgaben, für die diejenigen, die mit den täglichen Abläufen beschäftigt sind, keine freien Kapazitäten haben – und vielleicht auch nicht den nötigen Abstand, um aus einer „Übersichts-Position" das größere Bild im Fokus halten zu können.

So eine Übergabe kann man jedem Team, jeder Firma und jedem gemeinschaftlichen Unternehmen nur empfehlen.

1.2 Die Eidechse

Es ist um die Mittagszeit am nächsten Tag, der Lebenstanz ist in vollem Gang, es ist brütend heiß, die Luft vibriert vom Klang der großen Trommel, dem Gesang der Sonnentanzlieder und dem Gezirpe von hundert „Adlerpfeifen", – die nur so heißen und in Wahrheit Truthahnknochen-Pfeifen sind, – auf denen die Tänzer pfeifen, während sie zum Zentrumsbaum tanzen. Im Trommelunterstand ist gerade die Übergabe der Teams im Gange. Es gibt drei Trommel- und Singgruppen zu jeweils 15 bis 20 Trommler und Trommlerinnen und Sänger und Sängerinnen, die sich jede Stunde abwechseln. Sie beginnen um 6:00 früh und spielen durch bis 2:00 in der Nacht.

Wir, die Ältesten, verlassen den Tanzplatz und gehen runter zum Schwitzhüttenplatz. Dort setzen wir uns in die Hütte, bei geöffnetem Tor und besprechen und formulieren den Wortlaut unserer Absicht.

Wir wollen mehr erfahren über das Geheimnis des beabsichtigungslosen Raumes, den wir bei der letzten Hütte kennen gelernt haben – und wie man als kleines Kollektiv im großen Kollektiv Wirkung erzeugen kann.

Plötzlich entdecken wir hinter mir an der Schwitzhüttenwand in Schulterhöhe eine wunderschöne ca. 30 Zentimeter große grüne Eidechse. Das Tier beobachtet uns eine Weile – und bis sie unsere ungeteilte Aufmerksamkeit hat, bewegt sie sich runter zum Boden und klettert Barbara in den Schoß. Es ist allen klar, dass sie uns etwas mitteilen will. Erst spekulieren wir kopflastig darüber, was es sein könnte – bis Robert sagt, wir sollten uns doch einfach mit ihr verbinden. Schnell ist klar, dass die Echse eine Art Führerin für unsere Absicht ist. Nach einer Weile des Verbunden-Seins geht die Eidechse raus aus der Schwitzhütte. Sie klettert erst wieder runter von Barbara, stakst auf mich zu, macht einen kurzen Bogen hin zum Steine-Loch, – der noch leeren Grube in der Erde, in der später die glühenden

Steine hineinkommen werden, – sieht hinein und geht dann neben mir vorbei und hinter mir flott raus aus der Hütte.

Unsere Reise beginnt mit den gleichen Elementen der letzten Erfahrung. Handschuhdoppel / gesprochene Absicht / Steinlöwe / Oktopus-Maul / großer Raum / organisches Netz. Diesmal scheint es mir, als wäre ich im Inneren des Oktopusses und die organische, pulsierende Wand, das Netz, ist mit Adern durchzogen – ich spüre wieder den starken Sog, mich hineinzubegeben, mich aufzulösen und in ihr aufzugehen. Jemand sieht hinter dem Netz noch einen weiteren Eingang, wie ein Auge. – Nach und nach sehen wir es alle auf ähnliche Weise, manche sehen die ganze Eidechse, deren Auge es ist. Sie ist wunderschön, ihre Haut scheint aus sich bewegenden farbig schillernden Plättchen zu bestehen. Schließlich fokussieren wir alle auf das Auge und erkennen in seinem Zentrum ein seltsames schwarzes Licht. Wir beschließen, da rein zu gehen. Ich folge dem schwarzen Lichtstrahl ins Innere und aus einem neugierigen Impuls heraus drehe ich mich um und schaue nach Außen. Ich sehe eine faszinierende Welt, in der die Luft zäher zu sein scheint und in der alles in einem seltsamen violetten Schein „eingehüllt" wirkt. Es gibt Bewegung, aber keine klar definierten Formen, irgendwie ist es, als würde ich Bewegung und Temperatur „sehen", und gleichzeitig auch auf seltsame Art „sein". Das „Sein" ist überhaupt das Erstaunlichste an dieser Art des in der Welt-Seins, denn ich empfinde mich irgendwie eigentlich als die Welt, die ich wahrnehme. Ich bin auf eine mir nicht vertraute Art verbunden und eingebunden. Jeder beschreibt – ziemlich aufgeregt – was er sieht und erfährt und obwohl wir alle sehr fasziniert sind, beschließen wir, diesen Erfahrungs-Strang nicht weiter zu verfolgen, sondern einfach in dem Raum im Inneren des Auges zu bleiben. Loon schlägt vor, wir sollten uns zusätzlich mit den Herzen verbinden. Wir tun das und ich finde mich in einem Zustand tiefster absichtsloser Liebe. – Da könnte ich für immer bleiben und wäre es vielleicht auch, aber jemand spricht. Ich entdecke, dass ich in diesem Raum als Form, als Körper nicht existiere, aber ich kann wahrnehmen. Wenn ich etwas sehen will und darauf fokussiere, „sehe ich mich hin" und bin dort und bin auf seltsame Art auch das, was ich „sehe".

Nachdem wir damit eine Weile experimentiert haben, finden wir uns in einem Raum unter dem Lebenstanzplatz, wie in einer unterirdischen Schwitzhütte unter dem Zentrumsbaum. Wir sind formloses, bewusstes Gewahrsein. Die Wurzeln des Baumes reichen in diesen Raum hinein. Die Erde ist nicht wie Erde, viel lockerer, wie luftiges Wasser oder zähflüssige Luft. Es scheint, als nähre sich der Baum von diesem Raum – als nehme er unser Bewusstsein und verteilt diese Energie oben in der Lebenstanzarena, in der gerade getanzt wird. Eine Weile verbleiben wir in diesem liebevollen, absichtslosen und doch auf geheimnisvolle Weise Wirkung erzeugenden Raum. Und irgendwann beenden wir unsere gemeinsame Erfahrung.

In der Besprechung nachher erklären wir uns das Erlebte so:

Solange man in der Energie ist, „etwas verändern, etwas beabsichtigen zu wollen", erzeugt man kaum Wirkung und erreicht nichts. Ist man aber in Kontakt mit der Schöpfungskraft und dieser bedingungslosen Liebe, verliert man die Absicht und erkennt, dass alles schon gut ist, wie es ist – und bewirkt auch nichts.

Wie also kann man doch Wirkung erzeugen, wie kann die Absicht in diesem Raum gehalten werden? – Auf diese Frage werden wir in späteren Gemeinsamen-Traum-Zeremonien noch weitere und tiefere Antworten bekommen.

Mein Antwortbild in dieser Hütte ist „der gedoppelte Lebenstanz". Oben findet der Lebenstanz statt und unten sitzen wir, aufgelöst in dem gallertartigen Liebesraum. Und durch die einzigartige Konstellation, dass wir alles, was da oben stattfindet auch selbst viele, viele male getan und dabei sehr stark beabsichtigt haben – und jetzt andere, die unsere Funktionen erfüllen da oben diese Absichten tanzen und beabsichtigen, kann es geschehen, dass die Beabsichtigung sich über die Doppelung überträgt. Der Tanz da oben und seine Beabsichtigungen werden über die Doppelung aus dem darunter liegendem Raum der potentiellen Schöpfungsmöglichkeiten und der bedingungslosen Liebe genährt und bestärkt.

Das mag wohl so sein, aber vielleicht geht es ja in Wahrheit auch nur darum, zu erkennen und auf einer tiefen Ebene anzunehmen, dass es gar nichts zu verändern und somit auch nichts zu beabsichtigen gibt.

Es sind vielleicht nur die „nieder"-dimensionalen Alltags-Persönlichkeits-Anteile, die der Meinung sind, es müsste sich manches in dieser Welt doch zum „Besseren" kehren und man wäre förmlich verpflichtet, seine Energie dafür einzusetzen, dass dies geschieht.

Es ist doch zumindest bemerkenswert, dass, sobald man in Kontakt mit seinen „höher"-dimensionalen Anteilen ist, der Drang, sich verändernd „wichtig zu machen", drastisch nachlässt, wenn er sich nicht überhaupt ad absurdum führt. Und doch ist es so, dass wir uns hier inkarniert haben und es auch vor allem unsere „nieder"-dimensionalen Anteile sind, die meinen, den Gegebenheiten des Lebens hier unterworfen zu sein – und das gibt ihnen auch mehr als nur das Recht, diese Gegebenheiten gemäß der höheren Werte und Ansprüche wie Liebe, Fairness, Frieden, gemeinsames Glück, Gesundheit usw. anzupassen und zu verändern versuchen.

Es scheint also hier eine Motivationsdifferenz zwischen den „nieder"-dimensionalen und den „höher"-dimensionalen Persönlichkeits-Anteilen zu bestehen. Die Energie, die verändern könnte, sieht keinen Bedarf und die, die den Bedarf sieht, hat wenig veränderungswirkende Kraft.

Vielleicht hat es aber auch gar nichts mit „höheren" und „niederen" Persönlichkeitsanteilen zu tun. Möglicherweise sind das einfach zwei völlig grundverschiedene Ansätze.

- Auf der einen Seite der Ansatz des Buddhismus:
    absichtslos – hingebend – annehmend.
- Auf der anderen Seite der Ansatz des Schamanismus:
    beabsichtigend – bestimmend – erschaffend.

Wahrscheinlich ist es wie die rechte und die linke Hand, es braucht wohl beide um ganz zu sein – und wieder einmal offenbart sich dieses im Theorieteil so oft erscheinende ominöse „Sowohl-als-auch".

Mehr über dieses Geheimnis der veränderungswirkenden Kraft findet sich im Teil 1, Kapitel 1.3.5; „Beabsichtigen", Kapitel 1.3.6; „Das Doppel" und Kapitel 10; „Die Kunst des Beabsichtigens".

Der Tanzplatz

1.3 Die Schlange der Augen

Es ist Freitag mittags, der 13. Tanz geht dem Ende zu.
Die „Schlange der Augen" bewegt sich stark und berührend an mir
vorüber.

...

Der Auszug aus dem Tanzplatz geschieht so, dass alle Tänzer vor
ihrem Unterstand stehen und der erste Tänzer im Südosten – nach
den Trommel- und den Heilungs-Unterständen – gewöhnlich der
Dancechief des Tanzes, raus tritt und am nächsten und den Folgenden vorbei, den ganzen Kreis bis zum Ausgang im Nordosten geht
und dabei jedem einzelnen in die Augen schaut.

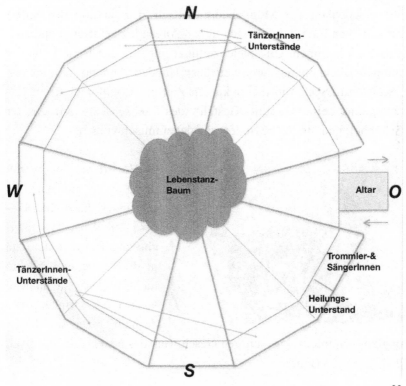

Es ist dies ein kurzer, wie ein Foto machender Blick, in einer Kombination aus den zwei physischen Augen und dem Dritten Auge auf der Stirn. Ist der erste beim zweiten vorbei, schließt dieser sich sofort an und dann der nächste und so weiter, sodass sich eine sich entrollende Schlange bildet, die aus dem Tanzplatz hinausschlängelt.

Die Gefahr bei dieser Art des Auszugs besteht darin, dass Einzelne etwas „ausspacen" und die Augenkontakte in Verschmelzungszeremonien ausarten. – An einem der vergangenen Tänze ist das schon vorgekommen.

Viele Jahre habe ich diese Schlange angeführt, diesmal bin ich der Letzte im Nordosten, da wir Träumer uns nach der Leitungs-Team-Übergabe diesen Platz gewählt haben. Ich erlebe diesmal die Augenkontakte ungemein tief und bin berührt von der Vielfalt und Verschiedenheit der Möglichkeit Mensch zu sein und den unterschiedlichen Energien, die sich in den Augen konzentrieren und zum Ausdruck kommen. Und gleichzeitig ergibt sich durch die Fülle der intimen Blickkontakte von weit über Hundert Augenpaaren so von „Seele" zu „Seele" in dieser kurzen Zeit ein Konglomerat, ein Gesamtgefühl, eine Gesamt-"Gestalt" des Menschseins mit all der Schönheit und all den Fassetten, die dabei mitschwingen.

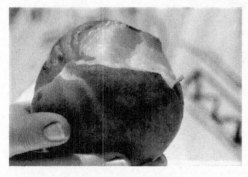

Vor dem Tor wartet der Pfirsich auf uns. Es gibt unter den Lebenstänzern den Witz, dass manche den Tanz, an dem sie ja drei Tage und Nächte nichts essen und manche auch nichts trinken, nur deshalb tanzen, um diesen unglaublich intensiven, saftigen Geschmack des ersten Pfirsichs nach dem Tanz zu erfahren.

Es gibt jetzt noch die „Abschluss-Schwitzhütte" und danach, am Abend ein köstliches Festessen und Feiern. Am morgigen Tag wird der gesamte Tanzplatz wieder abgebaut. Alle Materialien, Baumpfosten, Seile, Abdeckplanen, Tipis, Zelte und eine Unmenge an Werkzeug wird wieder sorgfältig verstaut. Es wird dabei gleich geprüft, was eventuell für den nächsten Tanz zu ersetzen ist.

Sofern das Wetter mitspielt, es nicht regnet und alles trocken bleibt, gelingt der Abbau meist zügig und leicht an einem Tag.

Klare Mondnacht - 2004

1.4 Die Schwarze-Licht-Energie

In der Abschluss-Schwitzhütte dieses 13. Tanzes ist unsere <u>Absicht:</u>
Wir wollen mehr wissen und erfahren über die Wirkung des Lebenstanzes.
Wir nehmen wieder den gleichen Anfangsweg.
Handschuhdoppel / Steinlöwe / Oktopus-Maul / Raum / organisch-pulsierendes Netz / Auflösung / Buddha-Meditations-haltung / Herz-öffnung.
Anfänglich werden verschiedene Bilder geteilt, ein Ring, ein Lichtkreis, ein schwarzer See, ein Auge. – Es ist klar, es gilt in den See einzutauchen, in das Auge hineinzugehen. Drinnen ist es wie schwarzes Licht, zähflüssig, wie ein flüssiger Obsidian. (Wir haben uns darüber geeinigt und es hat einfach am besten gepasst, dass wir dieses bestimmte Lichtphänomen, dem wir in diesen Dimensionen immer wieder begegneten, „Schwarzes Licht" nennen).
Wir befinden uns unter dem Baum, an der Schnittstelle zwischen Wurzeln und Stamm, etwas unter der Erde. Wir sind in einer dichten schwarzen Kugel. – Wellen gehen von dieser Kugel dreidimensional in alle Richtungen weg. Diese Wellen treffen da und dort auf eine Art Seifenblasen – nur etwas dichter und fester. Die Wellen umhüllen die Blasen und dringen in sie ein und bilden einen festen kompakten inneren Kern. Sie machen diese Seifenblasen „irdisch", geben Magnetismus und machen sie anziehend.

Unser Fazit, die Erkenntnisse in der Besprechung nach der Hütte: Die Energie des schwarzen Lichtes ist immer da, aber irgendwie verteilt und zerstreut. Durch die Lebenstanzzeremonie wird sie unter dem Baum gebündelt. Diese gebündelte Energie, die am dritten Tag dann zur Explosion gebracht wird, ist befruchtendes schwarzes Licht. – Sie befruchtet alles, was ihr begegnet, sie bringt oder verstärkt das Potential, – verwirklicht, geboren zu werden – Form anzunehmen.

Der Fokus – ist das Ge-Be-T, die Beabsichtigung, die Vision, der Traum des Tänzers. – Dieser Fokus wird Substanz mittels der Befruchtung durch das schwarze Licht. – Es ist nun ein befruchtetes Gebet, eine befruchtete Vision oder Imagination, eine befruchtete Absicht, die jetzt Form annehmen kann – bei Gelegenheit – verschiedene Formen.

Fokus, Substanz und Form sind die ersten drei von zehn Schritten in denen sich jede Energie in Bewegung bis zur Vollendung entfaltet. (Mehr über diese zehn Schritte, siehe Teil 3, Kapitel 10.3).

Diese schwarze Lichtenergie wird gebündelt oder erzeugt durch drei Komponenten, die zusammenkommen müssen:
• Die Alchemie und Choreographie der Zeremonie –
der Aufbau des Platzes, die stattfindenden Zeremonien, die Gebete, Evokationen, Invokationen, die Beschwörungen, die zeitlich und räumlich gestalteten und choreographierten Bestandteile und Abläufe, ...
Das gibt den Rahmen, die Ausrichtung und Absicht und hebt ab von der „Beliebigkeit".
• Die physische Präsenz der Tänzer und Träumer –
Das stetige vor und zurück zwischen Unterstand und Baum, das physische Stampfen der vielen Füße. Drei getanzte Tage und Nächte – dadurch wird, wie durch einen Dynamo-Effekt, Energie aufgebaut und gebündelt. Jeder trägt dazu bei, dass gegen Ende des Tanzes soviel kollektive Energie zusammengekommen ist, dass sie überfließen und explodieren kann.
• Liebe – in Form von Berührtheit, tiefer Hingabe und Offenheit, entstanden durch die vielen potentiellen Glücksmomente während des Tanzes. Momente des Staunens und Überwältigt-Seins, des Sich-Ganz-Fühlens, Tränen der Freude vielleicht auch der Wehmut, dass es nicht immer so ist – und die erleuchteten Momente, in denen klar wird, dass es ja immer so sein kann, wenn man das will.

Diese Gefühle stellen sich bei allen drei der Arten, wie man an diesem Tanz teilnehmen kann ein:

– Bei den Trommlern und Sängern – durch das Zusammenspiel, die Freude in den Augen des Gegenübers, das Lachen, das Weinen, die Schönheit der Lieder, der Nacht, des Tanzes.

– Bei den Tänzern, – die sich als individueller Teil eines größeren Ganzen intensiv erleben, tanzend Selbstwichtigkeit aufgebend, wahre Wichtigkeit spürend, ihre Träume und Visionen wachtanzend, betend, dankend, beabsichtigend; in den vielen Stunden der gleißenden Mittagshitze oder in der kühlen Nacht – sich träumend vom fein gewobenen Klangmuster der Trommel, der Stimmen und der Pfeifen wegtragen lassend.

– Bei den Hütern, – durch das Glücksempfinden, das sich einstellt, beim Sich-Hingeben, Sich-Einbringen, Sich-Verschenken an ein größeres gemeinsames Ganzes. Das Herausgefordert-Sein, sich mit seinen Fähigkeiten und Talenten ganz einzubringen, als Dienst, als Geschenk.

Es wird durch diese drei Komponenten (Die Alchemie, das Tanzen, die Emotionen) elektro-magnetische und psycho-kinetische Energie gebündelt. (Über dieses Zusammenwirken von elektromagnetischer und psycho-kinetischer Energie siehe Teil 3, Kapitel 4)

Nach der Hütte sind wir beseelt und glücklich und haben das Gefühl sehr wichtige Erkenntnisse, – vieles über die Magie und Wirksamkeit des Tanzes erfahren zu haben.

Unsere Erkenntnis aus vielen Tänzen ist, dass sich – man kann ruhig sagen – praktisch immer – die Gebete und Beabsichtigungen, die bei einem Tanz getanzt wurden, verwirklicht haben. Nicht gewusst haben wir bisher um die energetische Wirkungsweise – mit der schwarzen Lichtenergie und der Befruchtung der Absichten, Träume und Visionen.

...

Jahre später, 2012, fällt mir ein Buch in die Hände, das 2010 erschienen ist und das die Erfahrungen dieses zuletzt beschriebenen Gemeinsam-Beabsichtigenden-Träumens „auf wissenschaftlich" darstellt.

... Gedanken sind potentiell eingeprägt im Subquantenfeld. Sie werden von Elektronen getragen, die ihre Eigenschaften verändern, ihre Bewegungsrichtung, ihre Polarisation, ihren Spin. Dieses Verhalten der Elektronen ist mit der Aussendung von realen Photonen verbunden, die vorerst als sich kugelförmig ausbreitende, elektromagnetische Schwingungen betrachtet werden müssen. Damit erhöhen sie raumübergreifend die Wahrscheinlichkeit, auf Absorptionsstrukturen respektive auf Resonanz zu stoßen. Die Welle trifft auf virtuell aktive, kurzlebige Vakuumeruptionen, die zum Teil in Polarisation und Frequenz in Resonanz mit der eintreffenden Welle liegen. Es kommt zur Energieübertragung.

Die Vakuumeruption lädt sich anschließend mit Energie auf und wird zu einer elektromagnetischen Welle mit Fernwirkung, die ihrerseits Elektronen anregen kann. Alle Elektronen können antworten. Da die neu angeregten Elektronen permanent Echos aussenden, kommt es schließlich zur Verfestigung, zur Realität. Die Auswahl der geeigneten Elektronenkonfigurationen geschieht durch das sogenannte Adressing. Der Verfestigung liegt primär eine Spin-Feinausrichtung zugrunde. Die Fernleitung im Organismus verläuft konduktiv von Molekül zu Molekül und verstärkt sich über die kugelförmige Wellenausbreitung. Molekular lässt sich die Wirkung vergleichen mit dem „Öffnen spezifischer Tore".

Dabei wird eine Fülle weiterer Signalgeber freigesetzt, zu denen vor allem Neurotransmitter gehören. Sie sind Sender neuer elektromagnetischer Wellen und bewirken eine weitere energetische Verstärkung: Diverse Antennen sind an diesem komplexen Vorgang beteiligt, und theoretisch gibt es keine zeitliche Begrenzung des Energietransfers. Dadurch entstehen makroskopisch projizierte Wirkungen –

also sichtbare, materielle Konsequenzen. Schon Max Planck hatte erkannt: „Es gibt keine Materie, sondern nur ein Gewebe von Energien, dem durch intelligenten Geist Form gegeben wird." ...

Der Biophysiker Dieter Broers: Gedanken erschaffen Realität; Die Gesetze des Bewusstseins.

Wow! – so kann man die von uns **erfahrene** Wirkung der befruchtenden schwarzen Lichtenergie auch beschreiben.

1.5 Das Gemeinsam-Beabsichtigende-Träumen

Während des Festes, sitzen wir Ältesten zusammen. Wir sind alle tief berührt und dankbar über unsere Erfahrungen an diesem Tanz und sind uns bewusst, etwas völlig Neues und Wichtiges erfahren zu haben. – Und dieses Neue und Wichtige sind nicht sosehr die Inhalte des Erlebten, – schon auch, – aber noch mehr die Art, wie die Erfahrungen ermöglicht wurden.

Wir nennen die „Technik" vorerst „Kollektives Kontrolliertes Träumen" – später werden wir es treffender „Gemeinsam-Beabsichtigendes-Träumen" nennen – abgekürzt ergibt das **Ge-Be-T**.

Nach dem Zusammentragen unseres Erlebten kristallisieren sich recht einfach scheinende Regeln für dieses „Träumen" heraus.

Wichtig ist, eine klare gemeinsame Absicht zu haben.

Bei manchen unserer zukünftigen Ge-Be-Te brauchte es recht lange und war oftmals auch recht mühsam, bis endlich eine klar formulierte Absicht, mit der auch alle einverstanden waren, gefunden wurde. Die Erfahrung zeigte aber, dass es nicht sinnvoll ist, sich hier mit ungenauen, vagen Formulierungen „drüber zu schwindeln". Es scheint ein wichtiger Bestandteil zu sein, die Absicht im Kollektiv herauszukristallisieren und diese auch ganz genau auszuformulieren, bis sie für jeden Beteiligten stimmt. Irgendwie ist das wohl eine wichtige Vorarbeit und Gleichrichtung auf den „persönlichen" Bewusstseinsebenen, damit diese dann losgelassen und transzendiert werden können.

Ganz sicher sind auch die Verwandlung in das Doppel und wahrscheinlich auch die passenden „Beschwörungsformeln" – durch die eine Art Gruppendoppel aller am Ge-Be-T beteiligter Träumer entsteht – wichtige Faktoren. Wobei es dabei wohl darauf ankommt, eine Verbindung, eine Gleichschwingung mit den „höher"-dimensionalen Persönlichkeitsanteilen zu erzielen.

In der Terminologie des Nagual-Schamanismus geht es darum, die Schild-Energien, unser normales Alltags-Sein, so balanciert und zentriert zu haben, dass der Kontakt zu den Tänzer-Energien ermöglicht wird und die Erfahrungen aus diesen „höher"-dimensionalen Persönlichkeitsanteilen heraus erlebt werden können. – Genaueres über diese Persönlichkeits-Anteile im Teil 1, Kapitel 1.3.6 – Das Doppel – (Schilde und Tänzer).

Nach dem lauten Aussprechen der Absicht durch den Dance-Chief geht jeder in absolute Stille und Gewahrsein und achtet darauf, was geschieht. Innere Bilder, Wissen, emotionales Geschehen, körperliche Empfindungen, räumliche Veränderungen, was auch immer auftaucht. Nach einer Weile, die es jedem erlauben sollte, seinen individuellen Einstieg in die Erfahrung zu erleben, beginnt einer sein Bild, sein Gefühl, seine körperliche Erfahrung, was immer es ist, möglichst kurz und klar mitzuteilen. Alle anderen „gehen mit dieser Erfahrung mit", das heißt, sie lassen das Bild oder was immer es war auf sich wirken und erspüren seine „energetische Attraktion".

Nach und nach gibt jeder sein Mosaikstück in den Kreis. Oft sind es sehr ähnliche, oft einander ergänzende, aber manchmal auch scheinbar ganz unterschiedliche Erfahrungen. Wichtig ist, dass jeder sich gewahr ist, dass seine Erfahrung nur ein kleiner Teil, ein Puzzlestück des Ganzen ist. Die Kunst ist, das eigene Puzzlestück nicht zu wichtig zu nehmen, es aber auch nicht als unwichtig abzutun, wenn ein anderes strahlender und kräftiger erscheint.

Niemand hat das ganze Bild – jeder nur einen Teil – und des Öfteren ist ein Teil, mit dem der, der ihn erfährt, nicht viel anfangen kann, für das Kollektiv genau der Teil, der andere Puzzlestücke klarer macht und das Bild vervollständigt.

Wichtig ist auch, sich nicht zu sehr in Details zu verlieren, sondern einem gemeinsamen „Energiestrom" zu folgen. Auch hier ist es wieder die Kunst zu erkennen, welches Detail wichtig ist und welches nur Energieverlust verursacht. Es scheint eine bestimmte „beste" Geschwindigkeit für das Ge-Be-T zu geben. Sie ergibt sich sicher auch durch die Zusammensetzung der Mitträumer und ihrer individuellen Erfahrungsmodalitäten (Bilder entstehen und wechseln schneller als Körperempfindungen). So kann es sein, dass es manchmal nötig ist, zu warten, bis andere auch so weit sind. Oder es kann nötig sein, Eigenes loszulassen und damit mitzugehen, was die anderen erfahren – vor allem, wenn das Eigene nicht so klar ist, die anderen aber ein starkes gemeinsames Erleben haben. Oft kommt das losgelassene Eigene dann in einer späteren Situation doch noch zum Tragen. Es erfordert also auch große Flexibilität und Vertrauen.

Um dieses diffizile Zusammenspiel verschiedener Erfahrungen, die sich zu einem Erfahrungsstrom verbinden sollen, zu ermöglichen, gibt es einen, der das Träumen „leitet". – Dies ist eine sehr herausfordernde Position, da diese Person ihr Gewahrsein in einer noch zusätzlichen Form aufspalten muss. Sie muss oftmals das Gemeinsame der verschiedenen Puzzlestücke herauslesen und Vorschläge machen, in welche Richtung es weiter gehen könnte. Sie muss darauf achten, dass alle Mitträumer auch „mitträumen" – dass niemand zu dominant und wichtig wird, und dass sich andererseits niemand ganz herausnimmt und nicht mehr dabei ist. Das bedeutet nicht unbedingt, dass jeder in jeder Phase der Erfahrung seinen Senf dazu geben muss, oft genügt ein energetisches Bestätigen, dass man dabei ist und gut mit kann. („mmh, ja, genau").

Der Leiter (der Dance-Chief) hat also eine seiner Aufmerksamkeiten auf „das Funktionieren" und den Ablauf des Ge-Be-Ts – und die Kunst dabei ist, dass er selbst aber auch ein Mitträumer sein muss, es geht nicht, dass er „nur" leitet. Um entscheidende Impulse geben zu können, muss er selbst auch aktiver Mitträumer sein und seine Puzzlestücke einbringen, ohne sie wichtiger oder unwichtiger, als die anderer zu machen.

Im Herausarbeiten dieser Gesetzmäßigkeiten des Ge-Be-Ts wird uns schnell klar, dass wir grundsätzliches über Kommunikation im Allgemeinen, und über das Erfahren, Erträumen und Erschaffen von Wirklichkeiten gelernt haben.

Zusätzlich haben wir ein Werkzeug „gefunden", wie man sich als Kollektiv in größere Felder des Wissens hineinträumen kann und so unabhängig ist von einem Guru, der vorgibt, alleine und selbst alles zu wissen.

Was das Kommunizieren betrifft, ist klar, dass die Art, wie es beim Ge-Be-T getan wird, eigentlich die Art und Weise sein sollte, wie jederzeit an jedem Küchen-, Wohnzimmer- oder Konferenztisch kommuniziert werden sollte und müsste.

Was das Erträumen von Wirklichkeiten betrifft, ist klar, dass ein Gemeinsam-Beabsichtigendes-Träumen sinnvollere und stimmigere Wirklichkeiten erschaffen könnte, als diese unsere bestehende, die wohl eher durch das Gemisch vieler individueller Beabsichtigungen und unkontrollierter Träume „zufällig" entstanden ist, und nur im kollektiven Konsens aufrecht erhalten wird.

1.6 Phänomene in höheren Bewusstseins-Dimensionen

Es scheint klar, dass bei der gelungenen Anwendung dieser „Traum-Technik" aus höheren Bewusstseinsstufen geschöpft wird als wir dies in unserer 3. und 4. dimensionalen Alltagsrealität gewohnt sind. Dabei ist es hilfreich sich bestimmter auftretender Phänomene bewusst zu sein.

Um Erfahrungen jenseits unserer gewohnten Erfahrungswelten zuzulassen, müssen wir die Logik und die Gesetze der 3. und 4. Dimension zurücklassen und uns neuen Möglichkeiten öffnen. Tun wir das nicht, wird uns „dort" möglicherweise vieles nicht einzuordnen und vollkommen absurd vorkommen. Eines der offensichtlich auftretenden Phänomene kann das der Gleichzeitigkeit sein. Wir sind in der Erfahrung eher Zeuge eines „Entfaltens" von Geschehnissen aus höheren Wirkungs- und Wirklichkeitsdimensionen – und dieses Entfalten geschieht unabhängig von den üblichen Zeit- und Raumabfolgen und den Ursache-Wirkung Zusammenhängen. Es ist eher ein Erleben eines Schnappschusses, eines Schlüsselloch-Blickes von einem größeren zusammengehörigen Ganzen.

Wichtig ist auch, sich bewusst zu sein, dass sehr vieles schwierig in Worte zu kleiden sein wird. Oft ist es hilfreich, es trotzdem einfach zu tun, denn wenn man wartet, bis eine Erfahrung so deutlich wird, dass man sie gut in Worte kleiden könnte, dann hat sie sich entweder längst schon verwandelt und man hat das Gefühl, immer ein wenig hinten nach zu sein, oder man hat die Erfahrung so weit runter gebrochen, dass man sie gut 3. und 4. dimensional einordnen und erklären kann, doch dann wird die Erklärung wohl nicht mehr der Fülle und Tiefe der Erfahrung gerecht werden.

Hilfreich und nützlich ist das Gewahrsein, dass das, was man erlebt, sich ja höchstwahrscheinlich aus einer Dimension entfaltet, in der die Symbole der Archetypen des Bewusstseins, des Tiefenbewusstseins und des Unbewussten am „wirken" sind. So wird es nur mit recht „offenen" Symbolen möglich sein, vielleicht an sich logisch nicht zusammenpassendes in einem Bild, einer Erfahrung zu vereinen und zu beschreiben.

Ein weiteres Phänomen, das bei diesen „höheren" Dimensions-Erfahrungen auftritt:

Wahrscheinlich ist so manchem Leser und mancher Leserin schon aufgefallen, dass die Erlebnisberichte von mir ungewöhnlich „un-emotional" beschrieben werden, wenn man bedenkt, dass das Springen in das Schnabelmaul eines Oktopusses oder das In-die-Welt-blicken durch ein Echsenauge und weitere noch viel seltsamere Erlebnisse, über die ich in Folge noch schreiben werde, doch Erfahrungen sind, die weit außerhalb unseres „normalen" Erwartungs- und Akzeptanz-Spektrums dessen, was wir für möglich halten, geschehen und, – um es harmlos auszudrücken, – doch einigermaßen aufregend sind. Das Eigenartige an den Erfahrungen ist, dass sie in gewisser Weise nur in diesem „un-emotionalen" Zustand geschehen können. Jedes Sich-überschwemmen-lassen von Gefühlen, wie Angst, Unsicherheit oder auch schon bloß übergroßer Erwartungshaltung oder Aufgeregtheit scheint einem im 3. und 4. dimensionalen Erlebnisraum festzuhalten und unterbricht jegliche höher-dimensionale Erfahrung.

Dies zur Erklärung, der dem Leser fallweise vielleicht zu nüchtern und distanziert beschrieben erscheinenden Erfahrungen. Sie finden eben auch in einem eigenartig „nüchternen" Zustand statt und sie im Nachhinein „emotional angereichert" zu erzählen, würde sie zwar eventuell oder sogar sicher spannender und amüsanter lesbar machen, käme mir aber unangebracht und verfälschend vor. Jenseits der 3. und 4. Dimension heißt auch jenseits der „Logik" nicht nur der Gedanken, sondern auch der Gefühle.

...

In der Nacht nach dem Fest habe ich einen intensiven Traum.
Vor mir tut sich eine Erdspalte, wie eine Ackerfurche auf. Ich
schwebe hinein und stehe plötzlich vor dem „Lebenstanzwesen". Der
mit weißen Planen abgedeckte Kreis mit der großen Eiche in der
Mitte, den man von außen betrachtet, normal als Halbdom über der
Erde wahrnehmen kann, erscheint nach unten gedoppelt als Sphäre.
Ich sehe eine leuchtende Lichtkugel. Ich muss wohl beim Osttor
draußen stehen und ich weiß, dass es in der letzten Nacht des Tanzes
ist. Das Lebenstanzwesen, als leuchtende Lichtkugel, beginnt langsam hochzuschweben – so wie ich mir vorstelle, dass sich ein Energiekörper vom materiellen Körper im Traum oder im Tod löst. Die
Kugel schwebt höher und höher und wird zu einer Perle und reiht
sich ein in eine dort schwebende Kette von Perlen. Die Perlenkette
verwandelt sich in eine Sternen- und Planetenkonstellation, ein Universum. Die Lebenstanzkugel ist eine der Planeten.

Ich erlebe die Geburt eines Planeten und im Magma des Planeten
sind alle getanzten Träume, Sehnsüchte und Visionen des Tanzes als
ungeborenes, mögliches Potential enthalten.

Ich schwebe wieder aus der Ackerfurche heraus – der Kreis hat
sich geschlossen.

...

Am Morgen des Abbautages erzählen wir Ältesten dem Lebenstanzkollektiv von unseren Erfahrungen mit dem Ge-Be-T und geben
ein paar Beispiele, wie es vor sich gegangen ist.

Irgendwie ist es schon eigenartig, darüber zu sprechen, dass man
in ein Oktopus-Maul springt, sich in einem organischen Netz auflöst
oder durch das Auge einer Eidechse die Welt betrachtet.

Vom Lebenstanzkollektiv werden unsere Berichte und Erkenntnisse über das Ge-Be-T begeistert aufgenommen. Es zeigt sich wieder einmal, dass dieses Kollektiv aus sehr reifen, bewussten Menschen besteht, und es erfüllt mich mit großer Dankbarkeit und auch

etwas Stolz, dass ich ein wichtiger, leitender – im Sinn von Richtung bestimmender – Teil dieses Kollektivs bin.

...

Jetzt nach dem Tanz werden sich wieder alle in alle Richtungen verlieren und in ihr „normales" Leben und ihren Alltag eintauchen – und hoffentlich vieles von der hohen Energie miteinbringen können.

Auch für uns Älteste heißt es wieder Abschied nehmen und höchstwahrscheinlich werden wir einander erst wieder in einem Jahr am Lebenstanz treffen. Das war nicht immer so. Über viele Jahre trafen wir einander oftmals im Jahr und verbrachten sehr viel Zeit miteinander, da wir vom selben Lehrer lernten und eigene Lehr-Orte betrieben, in denen wir unser Wissen und unsere Erfahrung weitergaben.

Wir, die Leiter der Lehr-Orte waren auch die fortgeschrittensten Lehrlinge von Tehaeste in Europa und einige von uns gehörten bis zur Gründung des eigenen (europäischen) Rades auch Tehaeste's „Rad der Kraft" an.

2.
DER NAGUAL – UND DIE ANFÄNGE
CATCHING MINIMAL CHANCE

Der Nagual Tehaeste war für mich in den Anfangsjahren meines Lernens der beste Lehrer, den ich mir wünschen konnte. Er war sehr sehr schnell, klug und humorvoll. Seine größte Gabe war wohl das Zusammenschmelzen und unglaublich stimmige Übereinanderlegen von verschiedenem Wissen aus unterschiedlichen Traditionen und Quellen. Zugleich war er ein strenger, fordernder Lehrer, der es immer wieder schaffte, einen an seine – und manchmal auch weit über seine – Grenzen zu führen.

Seine „Teachings" und „Lehr-Geschichten" waren zumeist nicht nur äußerst lehrreich, sondern zugleich auch höchst unterhaltsam. Klar war aber auch, dass sie nicht immer unbedingt stimmen mussten – das Spannende, Lehrreiche, Humorvolle war ihm immer wichtiger als „die Wahrheit".

Er sagte oft: *„Don´t believe anything, but try it out – if it works for you, keep it, – if not, throw it away".* („Glaube gar nichts, aber probiere es aus – wenn es für dich funktioniert, behalte es, – wenn nicht, schmeiß es weg").

Alles in Allem genommen kann ich sagen, dass ich in der Zeit zwischen ungefähr 1983 bis 1997 unglaublich viel von ihm lernen durfte und dafür bin ich ihm auch sehr sehr dankbar und werde das auch immer bleiben.

Erst beginnend ungefähr 1996/97 zu einer Zeit, als ich selbst schon 10 Jahre unterrichtete und Tehaestes „Mirror-Nagual", der Nagual des „Ghost-" bzw. „Mirror-wheels" in Europa geworden war, begannen sich die Teachings, Wheel-Workings und persönliche Meetings dramatisch zu verändern. Immer mehr widersprüchliches und unakzeptable Zukunfts-Visionen verfolgendes verdrängte mehr und mehr den ursprünglichen großartigen spirituellen Ansatz. Und ab einem bestimmten Punkt war es mir einfach nicht mehr möglich, diese Entwicklung mitzumachen, geschweige denn in führender Position mitzutragen und in die Zukunft mitzuträumen.

Ich stand mit dieser Wahrnehmung der Veränderung nicht alleine da und so kam es 1998 zur Trennung zwischen Tehaeste und seinem Rad in Amerika auf der einen Seite – und den meisten der europäischen Lehrorte auf der anderen. Ab diesem Zeitpunkt übernahmen „wir", – die wir uns jetzt **„beyond – Vereinigung für individuelles Wachstum und kollektive Evolution"** nannten – den europäischen Sonnentanz in LaVal Dieu, den wir ja auch schon bisher, allerdings unter Tehaestes Schirm geleitet hatten.

In der Folge nannten wir den Tanz auch nicht mehr „Sonnentanz", sondern „Lebenstanz".

In diesem Praxisteil des Buches nimmt „der Lebenstanz" einen relativ großen Platz ein. Dies ist nicht deswegen, weil er das Wichtigste wäre, und es nicht viele andere Erfahrungen und Erlebnisse gäbe, die erzählenswert wären, sondern ganz einfach deshalb, weil ab ca. 1998 die Lebenstanz-Zeremonie in Süd-Frankreich der Platz und die Zeit waren, wo wir „Ältesten" uns regelmäßig und verlässlich trafen, und sehr viele der Erfahrungen, über die ich in diesem Buch berichte, eben dort stattfanden.

3.

DER LEBENSTANZ UND SEINE VISION

Der Lebenstanz ist eine 10-tägige Zeremonie, die wir seit 1994 einmal im Jahr in Süd-Frankreich feiern. Es ist ein Zusammenkommen von meist über 200 Menschen, aus Großteils der Schweiz, Deutschland und Österreich, die in verschiedenen Aufgabenbereichen und Funktionen ihre Talente und Schönheiten einbringen, um eine kraft- und wirkungsvolle Zeremonie zu veranstalten.

Die ersten vier Tage wird ein großer Tanzplatz mit Träumer-Unterständen um eine wunderschöne alte Eiche aufgebaut und abends finden vorbereitende Schwitzhüttenzeremonien statt. Die verschiedenen Trommel- und Sing-Gruppen, die auch schon während des Jahres geprobt haben, üben die teilweise sehr alten traditionellen und teilweise neuen Lieder, die zumeist aus indianischen Ursprung, aber vereinzelt auch aus anderen Kulturen stammen, für den Tanz ein.

Die Atmosphäre dieser Tage ist erfüllt von freudigem miteinander Schaffen, vom Wiedertreffen alter Freunde, dem Kennenlernen neuer, dem emsigen Treiben der Kinder im Kinder Camp und dem Trommeln und Singen der Singgruppen. Am 5. Tag abends wird dann feierlich in den Tanzplatz eingezogen und der eigentliche Tanz beginnt. Drei Tage und drei Nächte lang (nur zwischen ca. 2h und 6h schweigt die große Trommel) wird vom eigenen Unterstand aus zur Eiche im Zentrum hin und zurückgetanzt und geträumt. Während dieser Zeit wird nicht gegessen und Wasser, wenn dann nur bewusst und zeremoniell zu sich genommen.

Nach den Tagen des Tanzens findet ein großes Festessen statt und dann wird der Tanzplatz und alle Versammlungszelte und individuellen Zelte so abgebaut, dass der Platz wieder genauso schön oder noch schöner ist, als er vor unserem Zusammenkommen war.

Der Lebenstanz ist ein Tanz zur Feier des Lebens. Es ist eine Gelegenheit zu danken, zu beten, zu träumen, zu beabsichtigen, als Einzelner genauso, wie als Kollektiv. Benutzt wird eine wohlerprobte, oftmals mit Kraft erfüllte, ausgereifte und stetig weiter reifende Alchemie, um zu gewährleisten, dass die Samen der Träume, Visionen und Beabsichtigungen auf fruchtbaren Boden fallen, heranwachsen können und für den Einzelnen und das Kollektiv wirksam werden können. Gemeint ist hier nicht nur das Kollektiv der Lebenstänzer, sondern darüber hinaus das große Kollektiv der Menschen und aller Wesen dieser Erde.

Der Lebenstanz ist offen für alle, es braucht keine Vorkenntnisse, nur das Bedürfnis für etwas danken und/oder für etwas beten zu wollen. Und vielleicht braucht es auch noch die Sehnsucht, gemeinsam etwas bewirken zu wollen, das einen Beitrag dazu leistet, dass das wunderbare Geschenk des Lebens auch von allen Menschen als solches erlebt werden kann.

Darüber hinaus lässt sich unbestritten behaupten, dass **die Vision des Lebenstanzes** eine sehr vielschichtige ist.

Auf einer Ebene, der schon oben beschriebenen, hat man als Individuum die Gelegenheit eine große alchemisch wohldurchgeplante kollektive Zeremonie und deren unterstützende Energie zu benutzen, um persönliche Anliegen „wachzutanzen". Man kann seine Dankbarkeit ausdrücken oder auch für seine persönlichen Träume, Wünsche und Visionen tanzen und diese mithilfe der alchemischen Wirkung der Zeremonie zu befruchteten, magnetisch anziehenden Gedankenräumen verwandeln. Und so wie auch ich, haben sehr viele die Erfahrung gemacht, dass das auf dieser Ebene gut funktioniert, – so gut, dass man es oft gar nicht bemerkt hat, dass das wofür man getanzt hat, sich einfach im Leben unspektakulär entwickelt hat.

Auf einer anderen Ebene gibt uns die Alchemie des Tanzes die Gelegenheit, uns im praktischen Tun dem Geheimnis anzunähern, – wie ein Einzelner bzw. ein kleines Kollektiv im großen Kollektiv Wirkung erzeugen kann – und wie man Wirklichkeiten erschaffen kann.

Mir erscheint diese „Erschaffens-Ebene" des Lebenstanzes die bedeutendste zu sein. Dazu zwei Zitate:

... In jedem Augenblick unseres Lebens senden wir – bewusst oder unbewusst – „Bestellungen" aus, die die Wahrscheinlichkeiten bestimmter Zukunftsvarianten beeinflussen. Wer in der Lage ist, dieses Prinzip bewusst zu nutzen, kann Ereignisse bewirken, die um Größenordnungen von der statistisch zu erwartenden Wahrscheinlichkeit abweichen. ...

... Was wir als „Zufall" erleben, ist das Produkt einer großen Zahl von Individuen, die sich ihres Einflusses auf die Realität nicht bewusst sind und daher nur geringe und unkoordinierte Veränderungen in der Welt bewirken. Wären wir uns unserer Macht und unserer Verbindung untereinander voll bewusst, könnten wir koordinierte, grundlegende Veränderungen der Realität bewirken. ...
Jörg Starkmuth; Die Entstehung der Realität

Ich denke, wir sind hier mit dem Lebenstanz und unserer praktischen Anwendung dieser Möglichkeiten den größten Quantentheoretikern ein schönes Stück vorausgeeilt. Und ich finde es nicht vermessen, wenn wir Lebenstänzer uns als Forscher, Versuchskaninchen und Wegbereiter an vorderster Front verstehen.

Immerhin arbeiten und forschen wir nun schon seit mehr als 20 Jahren daran, wie wir als eine relativ kleine Gruppe (200-300 Menschen) mittels gleichgesinnter Absichten und bestmöglich unterstützender Alchemie unsere Absichten im großen Kollektiv der Menschen zur Wirkung bringen können.

Inklusive des 21.Tanzes 2013 waren es insgesamt 23 Sonnen – und Lebenstänze, an denen ich teilnahm – U.S.A. und Europa zusammengezählt, 4 in Amerika, 19 in Europa.

4.

DER 14. LEBENSTANZ 2006

Es ist Montag, der 31. Juli 2006 – die Vorbereitungen für den Tanz sind im vollen Gang. Der Tanzplatz nimmt langsam Gestalt an, die großen Erdpole, 12 große Baumstämme, die Jahr für Jahr in schon vorgegrabene Löcher in die Erde gesetzt werden, tragen schon das fast fertige Gerüst. Fleißig werden die verknüpften Bambusstangen strahlenförmig im Baum befestigt.

4.1 Die Blasenbeere

Zu Mittag gehen wir in die Schwitzhütte und benutzen sie als unseren abgedunkelten Traumraum, ohne heiße Steine zu verwenden. Wir formulieren unsere Absicht für unser gemeinsames Träumen so: *„Wie können wir mit unserem Kollektiven Kontrollierten Träumen das Kontrollierte Träumen des Lebenstanzes unterstützen?"*

Wir hatten abgemacht, bei unseren Gemeinsam-Beabsichtigenden-Träumen dieses Jahr nicht automatisch die gleichen Einstiegssequenzen des vorigen Jahres zu benutzen (Oktopus-Maul, Löwen, organische Wand, ...), sondern völlig leer und offen zu bleiben und zuzulassen, wie es diesmal bzw. von Mal zu Mal geschieht.

Wir werden in der Folge alle unsere zukünftigen Ge-Be-Te aus der völligen Leere entstehen lassen.

Was gleich bleibt, ist die Anrufung der Kräfte, (manchmal in Form eines bestimmten „Nagual-Anrufungsliedes"), Beschwörungen, Doppel und das Sprechen der gemeinsamen Absicht. Dann das Zulassen der völligen Leere.

Nach einiger Zeit finden wir uns alle in einer gleichen Körperhaltung – aufrecht sitzend. Die Hände sind neben den Oberschenkeln am Boden aufgestützt mit den Fingern nach vorne. Der Oberkörper ist nach vorne geneigt und schwingt in einer leichten Bewegung vor und zurück. Nach einer Zeit des Hineinspürens und Ankommens in dieser neuen energetischen Körperlichkeit, ist es klar. – Wir sind Gottesanbeterinnen.

Ich schaue aus meinen fassettenartigen Insektenaugen und was ich wahrnehme, ist völlig anders und ungewohnt. Das Bild wird im Auge zusammengesetzt, aber nicht so, wie ich das gewöhnt bin – es kann als Bild gesehen werden und bleibt doch gleichzeitig „vielfältig" – und es kommt mir nicht nach außen projiziert vor, sondern „bleibt" seltsam bei meinen Augen, wie auf einer „inneren" Leinwand. In erster Linie nehme ich Bewegungen und Veränderungen wahr, an der ich und in der ich auf ganz ungewohnte Art „beteiligt" bin – ich empfinde mich auf andere Art als sonst „im" Geschehen, da mit jeder meiner Bewegungen das Gesehene sich „mitbewegt". Dadurch entsteht ein Verzerr-Effekt, wie wenn man durch eine starke Linse oder durch einen Glasbaustein schaut.

Etwas zieht uns und wir beschließen dem nachzugeben und uns fallen zu lassen. Ohne die seltsame Art der visuellen Wahrnehmung zu verlieren, findet sich jeder als eine Art „Seifenblase" schwebend in einer unbekannten Dimension wieder. Wir schließen uns zusammen und unsere einzelnen Blasen ergeben zusammen ein Gebilde, das an eine Brombeere erinnert. An den Schnittstellen zweier Blasen entsteht ein gemeinsames flaches „Fenster" und in der Mitte unserer Brombeere entsteht durch den Zusammenschluss ein vorher nicht da gewesener leerer Raum.

Wir senden Liebesenergie in diesen Zentrumsraum und uns wird bewusst, dass wir von hier an jeden beliebigen Ort reisen könn-ten, so wir das beabsichtigten und dann wird uns klar, dass wir ein Werkzeug kreiert haben, um zu beabsichtigen.

©marfis75 on flickr

Die Liebesenergie, die wir in den Zentrumsraum gesendet haben, scheint als „Trägerelement" für die Beabsichtigung notwendig zu sein. Offen bleibt in diesem Zusammenhang, ob – im Falle, dass jemand so etwas wollte, – es möglich wäre dass, anstatt mit der Liebesenergie als Träger etwas „Helles" zu beabsichtigen – mit anderer Energie als Träger (Hass?) auch „Dunkles" beabsichtigt werden könnte.

Wir beschließen in weiterer Folge die Technik des Ge-Be-T zu benutzten, um verschiedene Aspekte des alchemischen Ablaufes um den Lebenstanz auf deren Wirkung und Sinnhaftigkeit hin zu überprüfen und eventuelle Verbesserungen herauszufinden.

4.2 Die schlurfende Baum-Saft-Amöbe

Gleich in der Nacht desselben Tages ergibt sich dazu Gelegenheit. Wir sitzen wieder in der Schwitzhütte und gleichzeitig findet gerade die „Segnungs- und Erweckungszeremonie" des Tanzplatzes statt, wozu auch das sogenannte „Versiegeln" gehört. Dieses geht so vor sich, dass verschiedene physische Materialien, wie Salz, Tabak, Knoblauch, ... gemeinsam mit Gebeten an der Begrenzung des Tanzplatzes rundherum ausgestreut werden. Der Sinn der Sache ist, den Platz als einen besonderen Zeremonialplatz zu markieren. Gleichzeitig wird jedoch angenommen, dass dieses „Versiegeln" „schlechte, böse, dunkle" Energien davon abhalten würde unsere Zeremonie zu „stören".

Ich war dieser Auffassung immer eher belustigt und reserviert begegnet, da ich nicht der Meinung bin, dass wir uns unbedingt vor „bösen" Energien da draußen, außerhalb von uns, schützen müssen. Ich glaube eher, dass, wenn wir uns unseren dunklen Energien in der eigenen Psyche stellen würden, dann kein Bedarf mehr bestünde, sie nach außen zu projizieren und sie da draußen als nicht zu uns gehörig zu bekämpfen. Und sollte „dunkle" Energie in der Zeremonie auftauchen, dann denke ich auch nicht, dass sie stören würde, sondern auftaucht, um etwas aufzuzeigen, das ins Licht gekehrt werden will.

Wie auch immer, es wurde im Kollektiv immer sehr ernsthaft und penibel darauf geachtet, dass gut versiegelt wurde und dass die Versiegelung nicht durchbrochen würde.

Für diese Hütte nehmen wir uns also vor, zu untersuchen, was eigentlich wirklich bei dieser Segnungs- und Erweckungs- und Versiegelungszeremonie vor sich geht, und was sie bewirkt.
Die formulierte Absicht lautet:

Was bewirkt das Segnen und Erwecken des Lebenstanzplatzes energetisch im Nagual-Raum.

Nach einer kurzen Zeit der Leere hat jeder von uns verschiedene Erlebnisse mit pflanzlichen Formen und schließlich tauchen Psilozybin-Pilze auf und fordern uns auf, sie zu nehmen. Jeder von uns isst sieben davon (in Spirit) und sofort haben wir Körpererfahrungen und Gefühle, wie wir sie von früheren „echten" LSD- und Pilz-Erfahrungen kennen.

Doch schon bald geschieht ein wesentlich weiter gehender Transformationsprozess, der mit dem Auflösen der Haut und der Knochenstruktur beginnt und damit endet, dass wir Urtierchen-, Urpflanzen-artige, Amöben-hafte Wesen werden. Wir finden uns alle in diesem „Amöbengefühl" und können uns fortbewegen. Dieses Fortbewegen ist eigentlich ein ganz eigenartiges „Sich-Auflösen und Aufgehen" in Grashalmen, Wurzelhärchen beziehungsweise Erdhäufchen – und sich so von einem zum anderen weiterbewegen und wieder finden. Ein beständiges Auflösen und Weiterbewegen und doch irgendwie etwas Eigenes dabei bleiben. Es geht einher mit einer eigentlich unbeschreiblichen von uns „Amöben"-Gefühl genannten Empfindung.

So „schlurfen" wir den Hang hoch in Richtung Tanzplatz. Dort, wo wir uns über Pflanzen oder Erde bewegen, ist es ganz einfach, darüber zu gleiten – (was soviel heißt wie: Auflösen und Wiederfinden) – wo Steine sind, ginge es auch, vielleicht schwieriger, aber „man tut das nicht". Jeder schlurft auf seine Art rauf zum Tanzplatz – eine völlig fremdartige Erfahrung, die mit nichts vergleichbar ist, was ich kenne und wofür es auch kaum möglich ist, Worte oder Begriffe zu finden. Schließlich treffen wir einander draußen vor dem Osttor.

Wir beschließen, die Versiegelung zu untersuchen – es ist ganz klar, wo sie ist, und es ist nicht so, dass wir nicht drüber könnten, es ist einfach so, dass man das in unserem Zustand nicht tut, es fühlt sich unangenehm an. Wir lassen uns in die Erde sinken und tauchen unter der Versiegelung durch. Auf der anderen Seite stellt sich für mich sofort ein glückseliges Gefühl ein. Alle haben ähnliche Gefühle und verwenden Begriffe wie leuchtend, prickelnd, frisch, natürlich, rein, pur und strahlend.

Wir fragen uns, ob jetzt klar wäre, dass es außerhalb der Versiegelung anders wäre als innerhalb – doch sind wir uns darüber nicht ganz einig. Manche beschreiben das „Außen" ungeordneter, matter, fahler und das „Innere" wie in einer natürlichen Ordnung und strahlender. Andere (auch ich) sagen, sie könnten es so „machen", aber es ist nicht unbedingt von selbst so – also könnte es von unserem Wissen, um die erwünschte Wirkung der Segnungs- und Erweckungszeremonie beeinflusst sein und nur unsere Erwartung erfüllen.

Wir lassen das so stehen und beschließen, das im Moment wirklich spannende unserer Erfahrung, nämlich unsere „Amöbenhaftigkeit" noch weiter zu erforschen und Anderes auszuprobieren.

Ich „schlurfe" zum Zentrumsbaum und lasse mich von den Wurzelhärchen aufsaugen. Meine Amöbenhaftigkeit und der Saft des Baumes sind eins. Ich bin total glücklich. Es zieht mich hoch durch den Stamm, in einen Ast, in einen Zweig, bis hinein in ein Blatt. Ein unbeschreibliches Ziehen und Bewegen, ein gezogen werden und bewegt werden, und ich weiß in diesem Moment, dass man als Mensch niemals so ein starkes Glücksgefühl empfinden kann, wie ich gerade jetzt erfahre – als dieses Amöbenwesen, als dieser Baumsaft, als dieser Baum, als diese Nacht, ...

Die anderen dürften Ähnliches erleben, denn es dauert eine Ewigkeit, bis wir beschließen, die Zeremonie zu beenden und in unsere gewohnte menschliche Form und Dimension zurückzukehren.

Die Erfahrung war für mich so tief greifend, dass ich zum ersten Mal ganz ernsthaft infrage stellte, ob wir Menschen wirklich die evolutionär am weitesten entwickelte Lebensform sind. Ein Zweifel, der sich durch spätere Erfahrungen noch verfestigen wird. (Siehe auch Teil 1, Kapitel 6.5)

Ein paar Zeilen und ein Zitat aus diesem Kapitel:

... Die Evolution ist nicht eine Entwicklung der Arten und ihrer Vielfalt – von Mineral zu Pflanze zu Tier zu Mensch, sondern eine Evolution des Bewusstseins der kleinsten Bausteine, der Photonen und Elektronen. – Und Mineral, Pflanze, Tier und Mensch sind nur Träger und Vehikel um diese Bewusstseins-„Erschaffung" und - „Vermehrung" auf vielfältige und verschiedenartige Weise voranzutreiben. ...

... *Man wird in eine menschliche Form geboren und findet Freude daran. Doch es gibt zehntausend andere Formen, die sich unendlich transformieren, die ebenso gut sind. Und die Freude in diesen ist unermesslich.* ... Chuang-tzu – chinesischer Philosoph, Dichter und daoistischer Mystiker – um 365 v.Chr.

Der Mensch ist – so betrachtet – **nicht die Krone der Schöpfung, sondern bloß eine von mehreren Erfahrungsmöglichkeiten des Bewusstseins.**

4.3 Aug' in Aug' mit Rückstoß im Herzen

Es ist wieder einmal soweit, der Aufbau des Tanzplatzes ist abgeschlossen und der Tanz ist bereit, getanzt zu werden. Alle Tänzer und alle Trommler und Sänger finden sich zur „Rein-geh-Hütte" am Schwitzhüttenplatz ein.

Wir Ältesten sitzen in einer Träumerhütte und sprechen die Absicht:

Was kann das Kollektiv der Träumer an diesem 14. Lebenstanz dazu beitragen, dass sich das evolutionäre Potential des Lebenstanzkollektivs noch leichter entfalten und verwirklichen kann.

Erklärung: mit dem „Kollektiv der Träumer" haben wir uns „Älteste" gemeint. Wir haben uns in diesem Jahr sehr bemüht, das Lebenstanzkollektiv davon abzubringen, uns „Älteste" zu nennen, da uns das aus den verschiedensten Gründen gar nicht so recht ist. Wir haben vorgeschlagen uns doch einfach „Träumer" zu nennen, aber wir sind damit nicht wirklich durchgedrungen und der Begriff „Älteste" bleibt hartnäckig an uns haften.

Nach der Zeit der Leere finden wir uns in einer Art Röhre oder Tunnel, der gegen Ende lichter wird und sich in einem „Nebel" auflöst. Der Nebel besteht aus ganz kleinen bunten Partikeln/Kugerln und man kann sich in dem Nebel auflösen, indem man ihn einatmet – so wird Innen immer mehr Nebel und das dazwischen (Knochen/Muskeln) wird immer weniger und dann ist Innen und Außen Eines.

Wir sind alle in dem Nebel und dadurch miteinander verbunden. Ich als Dance-Chief spreche noch einmal unsere Absicht und für einige Zeit driftet jeder in eine Fülle eigener Erfahrungen. Es werden Bilder geteilt von goldenen Städten, die auftauchen und wieder verschwinden, ... ein goldener Altar, ... ein goldener Tempel, ...

Als Gemeinsames bleibt, dass wir uns als Individuen fühlen, mit einem goldenen, göttlichen, erhabenen Gefühl. Wir bewegen uns vorwärts, indem wir das vor uns Befindliche einatmen und in uns aufnehmen. Hindernisse werden einfach eingeatmet und in sich aufgenommen. So atmen wir uns durch – und gehen durch Wände. Wir sind „goldene" Individuen, goldene Gestalten, goldene, energetische Eier.

Es bereitet uns Schwierigkeiten, manchen fast Angst, uns einander in die Augen zu sehen – das Gefühl sagt, es wäre aber wichtig. Wirklich in die Augen schauen scheint nur möglich, wenn die Energie, die dann zurückkommt, – eine sehr starke Energie, – mit dem Herzen empfangen wird. Schließlich tun wir es. Es entsteht ein ganz starkes Gefühl von Präsenz. Die Augen sind über-real lebendig, wässerig, leuchtend, strahlend, durchscheinend. Wir bemerken, dass man dem Blick besser standhält, wenn man auf den „Rückstoß" im Herzen fokussiert. Man schaut und empfängt mit dem Herzen – auch das 3te Auge ist an dem Vorgang beteiligt und wichtig.

Noch in der Hütte nehmen wir uns für den Tanz vor, dass wir einander und den Lebenstänzern auf diese Art und mit diesen Augen in die Augen schauen. Was kann uns dabei unterstützen? Das goldene erhabene Gefühl, das offene 3te Auge, das Wahrnehmen des „Herz-Rückstoßes" und die Gewissheit, damit nicht alleine zu sein – denn „wir Träumer, wir Älteste – wir schauen so".

Nach dem Öffnen der Türe, – dem Zurückschlagen der Schwitzhüttendecken über dem Eingang, – und dem Akklimatisieren an die strahlende Helligkeit des Tageslichts, schauen wir einander in die Augen und sie sind genau so, wie wir es eben in der Hütte erlebt haben.

4.4 Wettermachen

Mittwoch 10:00. Es ist der erste Morgen des Tanzes. Der Himmel ist bedrohlich bewölkt und es kommt immer mehr Wind auf. Von den beunruhigten Landbesitzern P. und R. bekamen wir eine schlimme Wettervorhersage: Sturm und schwere Gewitter für die nächsten Tage. Was das hier in unserem Tal in den Pyrenäen bedeuten kann, haben wir leider an anderen Lebenstänzen, wo es Tischtennisball-große Hagelkörner und jede Menge Blitz, Donner, Regen und Sturm gab, schon erlebt.

Die Aussicht so etwas wieder zu erleben brachte uns rasch auf die Idee für die Absicht unserer nächsten Träumerhütte:
Wie kann man das Wetter für einen bestimmten Zeitraum und einen bestimmten Platz beeinflussen?

Dieses Träumen wird für uns alle eine sehr anstrengende, viel Kraft kostende Erfahrung.
Hier die Ergebnisse und Erkenntnisse dieser Hütte:
Wichtig ist erst mal den Raum, für den man das Wetter kurzfristig beeinflussen will zu definieren und begrenzen. Dann macht man in allen Richtungen Achterschlaufen, die immer durch das Zentrum des definierten Raumes gehen und auch immer wieder den ganzen Platz umrunden.
Das Schwierige hierbei ist, dass man in einer seltsamen Art von gleichzeitiger Trennung und Zusammenführung ein in seiner Achterbahn und Umlaufbahn herumrasendes Teilchen (Elektron?) ist und zugleich auch der Zentrumskern und das gesamte Gebilde. Dies zu erreichen und aufrechtzuerhalten kostet uns viel Energie und erzeugt auch ein recht unangenehmes Schwindelgefühl – da die Ruhe des Zentrums sowohl wie das Herumrasen in den Schlaufen und das Gewahrsein des gesamten Platzes zugleich erfahren wird.

Diese Umlauf-Schlaufenbewegungen müssen solange durchgeführt werden, bis eine starke Pulsation wahrnehmbar ist. Jetzt müssen diese Pulsation, das Zentrum, die Achterbahnen und der gesamte Raum im Gewahrsein aufrechterhalten werden. Dann kann die Beabsichtigung für das gewünschte Wetter ins Zentrum gesprochen werden. Z.B.: Die Wolken lichten sich – oder: dieser Platz bleibt wolkenfrei – oder: dieser Platz bleibt trocken.

Wir haben diese Imagination meist gemeinsam durchgeführt, zu zweit, dritt oder zu viert und sind meist sehr müde geworden. Wichtig dabei war auch, den richtigen Zeitpunkt für die Imagination im Zusammenhang mit der tatsächlichen Wetterentwicklung zu erwischen. (Prasselt der Regen schon nieder, scheint es jedenfalls zu spät zu sein).

Einerseits waren wir erfüllt von Ehrfurcht, überhaupt so ein Werkzeug in die Hand bekommen zu haben, andererseits war dieses in der Anwendung doch so anspruchsvoll, dass wir es nur recht selten benutzten.

Wie viel Erfolg wir damit hatten, lässt sich schwer sagen, da sich das Wetter ja auch ganz von alleine ändern kann und sich eine klare Aussage über Verursachung der Veränderung schwerlich machen lässt. Wir haben diese Technik bei folgenden Lebenstänzen bei starkem Bedarf immer wieder mal eingesetzt und es gab meiner Einschätzung nach doch recht verblüffende Wetterphänomene – wo z.B. rundum heftige Regenschauer niedergingen und auf dem Tanzplatz selbst nur ein paar Tropfen spürbar waren.

Wettermachen – 2008

Wettermachen – 2008

4.5 Die schnüffelnden Echsen

Wieder einmal, wie immer, war es der schönste, kräftigste aller Tänze. Wir haben uns alle an den überaus köstlichen Pfirsichen und ein paar Weintrauben gelabt und sitzen in der Abschlussschwitzhütte des 14. Tanzes.

Als DC spreche ich die Absicht der Hütte:
Was ist die Wirkung dieses Lebenstanzes
Schon bald finden wir uns alle als Echsen in einer uralten, steinigen mit Trockenfurchen durchzogenen Landschaft. Sehr eigenartig ist, dass wir alle züngeln, riechen, schnüffeln. Wir erschnüffeln und sehen einander. Es „zieht" uns zu einem Felsspalt, der etwas feuchter und salzig ist. Alle Echsen zieht es dort hin, weil das Salz dort ist. Am Boden befindet sich etwas vertieft ein Siegel – ein Eingang – wir schlecken an dem Salz und wollen da durch. Es erweist sich als schwierig.

Jeder versucht es auf eigene Art. Ich schaffe es nicht gleich, doch dann stürze ich mich durch, bleibe an einer scharfen Kante des Siegels hängen und werde gehäutet. Auf der anderen Seite bin ich dann als gehäutete Echse auch so ein wurmartiges Lurch-Wesen, als das sich alle wieder finden, umgeben von blauem „Äther", einer blauen, flüssigen, nebeligen Substanz.

Schnell wird klar, dass wir uns verbinden müssen.
Jeder von uns ist verbunden mit dem Siegel „oben" und wir bemerken, dass wir dieses Siegel auch am Rücken, im Nacken haben. Durch das Bewusstsein, dass wir das Siegel sind, sind wir untereinander verbunden. Wir versuchen das Siegel mit unseren Körpern zu bilden, was uns aber in diesem Ätherkörper nicht gelingt. Wir machen ein Salto, bzw. stülpen uns um – hinein in dieses Siegel hinten in unseren Nacken und finden uns – in wieder einer anderen Welt.

Alle berichten von riesigen unendlichen Strukturen, von vielen Lichtpunkten, manche davon schweben frei, manche bilden Strukturen. Wir interpretieren es als eine Art Universum.

Es entsteht ein starkes Vibrieren unter der Schädeldecke – der Innenraum und das Außen sind erfüllt davon.

Wir verbinden uns noch einmal mit unserer Absicht – und dann ist es klar.

Hintergrund – eagle nebula – courtesy NASA
Echse – www.designation.de/Media/Galerie

Jeder interpretiert das Erleben auf seine Art:
Wir sind Sternenwesen auf der Erde. ... Die Lichtpunkte sind in unserem Gehirn. ... Wenn man den Rückwärtssalto durch das Siegel macht, kommt man in den inneren Sternenraum. ... Wir bringen die Siegel als Grundprägung mit ins Leben. ... Die Struktur des Siegels entspricht der Struktur der Synapsen, der Neuronen und Nervenimpulse – die Lichtpunkte sind die elektrochemischen Impulse unserer Wahrnehmung, unserer Gedanken – unseres Minds. ... Jeder (Lebens)Tanz weckt eine Erinnerung an das Symbol auf – eine Erinnerung daran, wozu man in dieses Leben gekommen ist. ...

Und in dieser Hinsicht ist dieses Siegel/Symbol wohl das Symbol für das „Heilige Bildnis", wie es in den nagual-schamanischen Teachings genannt wird. Und das „Heilige Bildnis" ist das in jeder

Energie und jedem Lebewesen enthaltene höchste evolutionäre Entwicklungs- und Verwirklichungs-Potential, das sich als „Spirit-Reflexions-Spiegelung" in alle Facetten des Lebens einbringen und entfalten will. (Dies ist wohl eine gute Beschreibung für den Anteil der „Psycho-kinetischen" Energie, die im Teil 3, Kapitel 4 als die aus höherer Dimension wirkende „Entelechische Energie" beschrieben wird. – Dies ist die im Organismus liegende Kraft, die seine Entwicklung hin zur Vollendung bewirkt.)

Und in gewisser Weise ist es auch eine Erinnerung an die Seelenfamilie, die man wieder trifft und anzieht. – In unserer vorher beschriebenen Nagual-Erfahrung – die schnüffelnden Echsen.

Am Morgen des Abbautages berichten wir Ältesten dem Kollektiv von einigen unserer Erfahrungen – im Speziellen die Erfahrung als Baumsaft und die schnüffelnden Echsen vom Vortag.

Wieder einmal bin ich erstaunt darüber, wie natürlich und interessiert unsere, mir doch recht ungewöhnlich erscheinenden – um nicht zu sagen abgehobenen – Erzählungen aufgenommen werden.

...

Ich mache jetzt (2006) einen großen 19-Jahre-Sprung zurück in das Jahr 1987.
Ich war 36 Jahre alt, erst ein paar Jahre „Lehrling" und am Anfang meines Lernens.

2005 – am Lebenstanz   1987 – nahe Tulum; Mexiko

Und so würde ich in späteren Jahren vieles, des im folgenden Kapitel beschriebenen, wohl anders und auch mit einem anderen Bewusstsein erfahren – und doch waren diese Erlebnisse in Yaxchilan ein für mich wichtiger Eckpfeiler, vielleicht eine Art Initiation für meine späteren „Nagual-Erfahrungen". Und so beschreibe ich diese Erfahrungen hier so, wie ich es damals empfand, aus dem Bewusstsein des damaligen Ichs.

5.
YAXCHILAN – 1987
THE KNOCK OF THE SPIRIT

Es geschah auf einer unserer sogenannten „ceremonial-medicine-journeys", wir waren eine kleine Gruppe ca. 12 Menschen, darunter viele Schweizer. Mitten drin auf dieser Reise, nach einiger Zeit im Yukatan, in Campeche und Chiapas und bevor es dann nach Guatemala weiterging, wollten wir mit einem Boot den Rio Usumacinta, den Grenzfluss zwischen Guatemala und Mexico hinauffahren, um zu der, sich mitten im Urwald befindlichen Tempelanlage Yaxchilan zu gelangen.

Ich erinnere mich noch gut daran, wie wir den Bootsmann, der uns da hinbringen sollte, aufsuchten.

Er lebte in einer Stroh-Bambushütte mit seiner nicht zu kleinen Familie. In der Hütte hingen einige Hängematten, es gab einen alten Kühlschrank und darauf einen Fernseher. Es herrschte reges Leben – ein Hund und mehrere dieser dort typischen Schweine mit schwarz-weiß geflecktem, borstigem Fell rannten frei herum. Auch einige Hühner lebten in der Hütte – der Boden bestand aus gestampftem Lehm.

Dieser Bootsmann sollte uns also nach Yaxchilan bringen. (Natürlich in einem größeren Boot als man ihn hier sieht). Man kann dorthin nur auf diese Weise, also per Boot, oder mit einem Kleinflugzeug hinkommen, und deshalb ist diese Anlage bis jetzt auch noch vom Tourismus weitgehend verschont geblieben.

Als wir ankamen, lebte dort nur ein Wächter mit seiner Frau und seiner Mutter. Wir richteten uns nahe beim Fluss auf einer Lichtung eine Art Camp ein – ein paar Zelte, Hängematten und eine Feuerstelle. – Mit dem Bootsmann war abgemacht, uns nach zirka einer Woche wieder abzuholen. Wir hatten ihm auch sicherheitshalber vorerst nur die Hälfte des abgemachten Geldes gegeben, um sicher zu stellen, dass er uns auch wirklich wieder abholt. Ich habe keine Ahnung, ob wir – auf uns alleine gestellt – jemals aus diesem Urwald wieder herausgekommen wären. Aber es war uns wichtig, in ein wirklich entlegenes fast gänzlich unberührtes Gebiet zu gelangen, um dort einige Zeremonien durchzuführen und Erfahrungen zu machen.

Es machte mir riesig Spaß meine Hängematte aufzuhängen und sie mit dem Moskitonetz zu drapieren, Zelt hatte ich keines mit und ich freute mich schon sehr auf diese erste Nacht hier heraußen im Urwald.

Der unvermittelt in der Nacht einsetzende starke Regen trieb mich raus aus der Hängematte und ich fand einen relativ trockenen Platz unter ein paar großen Bäumen und schlief wieder ein. Plötzlich irgendwann mitten in der Nacht war ich hellwach – total wach, wacher, als nur einfach wach!

Vor mir stand ein seltsames Gebilde, – eine Mischung aus mineralischen, menschlichen und tierischen Gliedmaßen, irgendwie überwachsen, – also auch pflanzlich, – eine deutliche Figur ergebend ungefähr vier bis fünf Meter groß. Sie stand genauso lange vor mir, bis ich sie genau von oben bis unten besehen konnte, so ungefähr in drei bis vier Metern Entfernung. Dann war sie plötzlich weg und es stand eine neue, nächste Figur da. Auch diese blieb eine Zeitlang, bis die nächste erschien. Eine nach der anderen, einander ähnlich und doch deutlich unterschiedlich. Es waren zwölf oder vielleicht auch dreizehn, ich wusste das nachher, obwohl ich ganz sicher nicht mitgezählt hatte. Ganz eigenartige Geschöpfe, irgendwie Archetypen, uralte Gebilde aus allen Elementen und Lebensformen unserer Erde – Sie näher zu beschreiben, ist mir heute fast unmöglich, obwohl ich sie kurz nachher sicher hätte zeichnen können und auch jetzt noch manche Einzelheiten vor mir sehen kann. –

Es hatte aufgehört zu regnen. Ich konnte nicht mehr einschlafen und ging recht aufgewühlt und ruhelos runter zum Flussufer, wo ich den Rest der Nacht verbrachte. Zum Glück ohne eine Begegnung mit so einem.

Am nächsten Tag habe ich der Gruppe meine "Vision" erzählt und bin mir dabei sehr seltsam vorgekommen. – Ich war eher als „Nicht-Phantast" und sehr bodenständig bekannt, definitiv kein „Space-Kadett" – und hier erzählte ich völlig uneinzuordnende Erlebnisse, die ich nicht wegleugnen, anders erklären, ja nicht einmal als Traum abtun konnte.

Irgendwie kam es mir vor, als wäre das "Netz der Wirklichkeit", das in Europa oder in Los Angeles, oder sonst wo in dicht besiedelten Gebieten, so eng geknüpft ist, hier im Urwald so weitmaschig, dass es ganz leicht ist, durchzuschlüpfen und andere Realitäten zu erleben.

Dass dieses Netz nicht immer gleich ist, habe ich schon oft erlebt. Zu Hause in Wien, in meiner Wohnung in der Innenstadt, wo rundherum tausende Menschen leben, die alle fest an eine Erklärung dieser Welt glauben, kreativ tätig zu sein, also zu komponieren oder zu texten, fiel mir immer viel leichter in der Nacht, wenn die meisten anderen schliefen oder träumten, jedenfalls nicht an dieser Wirklichkeit so festhielten, wie untertags. – Hier mitten im Urwald, hunderte Meilen entfernt von jeder Ortschaft, hat wohl jeder Einzelne viel mehr unmittelbaren Einfluss darauf, was wirklich ist, und was geschieht – und Räume, Zeiten, Dimensionen und Wirklichkeiten sind vielleicht nicht so klar voneinander abgegrenzt.

Dieses Erlebnis mit den seltsamen archetypischen Gebilden, sollte nur der Anfang einer ganzen Reihe in diese Richtung gehender Erfahrungen sein.

An einem anderen Tag gingen wir hoch zum Haupttempel, anfangs unter der üblichen wichtigtuerischen Aufsicht des Wärters, der aber bald einsah, dass er hier bei uns auf verlorenem Boden stand. Und so stapften wir schon bald ziemlich in der Gegend verstreut herum, aber doch so, dass man immer wieder einmal wen hörte oder sah. Knapp unter dem Tempel angelangt, hatte ich plötzlich eine ganz eigenartige Sensation. –

Ein leichtes Vibrieren erfasste die gesamte Außenwelt um mich herum. Es war, wie wenn die Energievernetzung all dessen um mich herum für einen Bruchteil eines Momentes spür- und sichtbar würde. – Ich empfand es wie das Anklopfen einer anderen, zugrundeliegenden oder übergelagerten Wirklichkeit. – Ich sah zum Tempel hoch und da waren in jeder dieser vielleicht hundert kleinen Löcher oder Nischen, die das Eigenartige an diesem Tempel ausmachten – Totenköpfe. Mein erster Impuls war Erschrecken – ich dachte an Menschenopfer, grausam und so. – Das fand aber nur in meinem Kopf statt, denn körperlich und in meinem Gesamtgefühl war ich überraschend ruhig und nach Innen und Außen ganz weit offen, wie in einem meditativen Zustand – ich war mir bewusst, einen magischen Moment zu erleben.

Als alle wieder am Versammlungsplatz zurückgekehrt waren und um das Feuer im Kreis herum saßen, sprachen wir über diese seltsamen Nischen und irgendwer sagte, er habe gelesen, dass wenn der Wind durch diese Löcher durchbläst, es eine unheimliche, irre Musik ergäbe, und dass das vielleicht der Grund gewesen war, diesen Tempel so zu bauen. Seltsamerweise hat aber niemand je diese „Musik" gehört, auch nicht der Wärter, der ja schließlich schon viele Jahre hier lebte. Mir erschien es klar, dass es nötig wäre, in diese Löcher etwas hineinzustellen oder hineinzubauen, um dem Wind Widerstand zu bieten und den Luftstrom irgendwie zu brechen, quasi wie das Rohrblatt bei einem Blasinstrument. Gab es früher solche Konstruktionen aus Holz oder Bambus, findet man jetzt natürlich nichts mehr davon, da sie verrottet wären. Das wäre eine Möglichkeit, um den Wind in den Löchern singen zu lassen. – Die "Vision" mit den Totenköpfen behielt ich vorerst für mich und beschloss, in der Nacht heimlich zum Tempel hochzusteigen, irgendwie wusste ich, dass ich dort nochmals hin musste, und zwar alleine.

Als es im Camp so ziemlich ruhig geworden war und nur mehr zwei, drei Leute um das Feuer herum saßen, machte ich mich auf den Weg. Ich hatte zwar eine Taschenlampe mit, beschloss aber, sie nicht zu verwenden. Man sieht, wenn sich das Auge erst mal an die Dunkelheit gewöhnt hat, viel besser, ohne Taschenlampe, da man mit ihr nur den ausgeleuchteten Lichtkegel sieht und alles andere im Dunkel verschwindet.

Zuerst bemühte ich mich, lautlos zu gehen, aber dann kam mir der Gedanke, dass es wohl besser wäre, fest aufzutreten, um eventuell herumliegenden Schlangen mein Kommen anzukündigen, sodass sie sich, und damit auch mich in Sicherheit bringen konnten.

Diese Art zu gehen und meine Aufmerksamkeit auf das Gehen zu richten, wurde mir aber bald zu mühsam, und ich besann mich, etwas anderes zu tun. – Ich zündete eine Gebets-Zigarette an, rauchte, nach Oben und Unten und in die vier Richtungen, und gab dem Universum kund, dass ich mich auf einer Art Zeremonie befinde, um zu lernen, um zu erfahren, und um mein Leben reicher und schöner zu machen, und dass ich das, was ich lernen kann mit Spaß, Freude und Schönheit lernen, und niemanden dabei verletzen will, und ich bat darum hier und jetzt sicher zu sein. – Mit einem immens warmen, sicherem Gefühl des Urvertrauens, wissend, dass das Universum mir wohlgesinnt ist, ging ich weiter, und verschwendete keinerlei Aufmerksamkeit mehr daran, wie stark, laut oder unhörbar ich auftrat.

 Das schwierigste war, ohne Licht durch diesen seltsamen Eingangstempel zu gelangen, den der Wächter „Das Labyrinth" nannte. Wir hatten schon bei Tag durch die verwirrenden, oftmals Richtung wechselnden, unterirdischen Gänge nur mit Taschenlampen durchgefunden und uns gefragt, ob hier einmal seltsame Initiationsriten gemacht wurden; – wir fanden sonst keine vernünftige Erklärung für die verwirrende Anordnung der Gänge.

An die ersten beiden Biegungen konnte ich mich noch erinnern, aber dann war Schluss. Jetzt war es total schwarz um mich. So stand ich also da, und mir fielen die vielen Spinnen ein, die wir überall an den Wänden bewundert hatten – große Spinnen. Die Versuchung, die Taschenlampe her-vorzuholen, war sehr groß, doch dann besann ich mich, dass ich doch etwas lernen wollte. – Zeit hatte ich ja genug und müde war ich auch nicht. Also ging ich Schritt für Schritt, manchmal Zentimeterweise vorwärts.

Wie lange ich brauchte, um durch dieses Labyrinth zu gelangen, weiß ich beim besten Willen nicht mehr. – Ich kann mich nur sehr gut an das Gefühl erinnern, mit der Zeit einfach gewusst, gespürt, gerochen, gesehen zu haben, wann ich mich knapp vor einer Wand befand, und wann es sicher war, einen Schritt zu tun. –

Jedenfalls stand ich irgendwann dann auf der Lichtung, die früher einmal ein Zeremonialplatz gewesen sein musste. Der Mond war zirka ein Viertel groß und es war ausreichend Licht um zu sehen. Überhaupt jetzt, nach der intensiven Dunkelheit im Labyrinth erschien es mir taghell, und ich stieg die steilen Stufen hoch zum Tempel mit den vielen Nischen.

Der Tempel sah mich mit seinen vielleicht hundert schwarzen Augen an und irgendwie war mir schon unheimlich zumute, aber auf so eine angenehme kribblige Art. Ich ging um den Tempel herum, in den Tempel hinein, und es war wunderbar, von Innen hinaus auf den

endlos weiten Urwald zu blicken. Dann ging ich wieder ein Stück hinunter, vor den Tempel, und setzte mich auf einen Steinsockel, der irgendeinmal der Sockel einer Säule oder einer dieser mit den bekannten schönen Maya-Schriftzeichen versehenen Steintafeln gewesen sein musste. Vielleicht war hier auch ein zweiter solcher Stalagmit gewesen, wie ein Stück weiter unten noch einer stand.

Der Wärter hatte erzählt, dass der Stalagmit hunderte von Meilen aus der einzigen Grotte in der Gegend herbeigeschafft worden war. – Na ja, wie auch immer – dieser Sockel zog mich irgendwie an, und ich setzte mich hin und genoss das Hier sein. Ziemlich nahe hörte ich eine Horde Brüllaffen ihre unheimlichen Laute in die Urwaldnacht brüllen. – Wenn man nicht weiß, dass es sich um Brüllaffen handelt, könnte einem das Blut in den Adern gerinnen vor Schrecken. Ihr Gebrüll klingt wie zwanzig hungrige Jaguare auf der Jagd – und nur das Wissen, dass Jaguare nicht in Rudeln jagen, lässt einen wieder aufatmen.

Ich saß also auf diesem Sockel, ich weiß nicht mehr, wie lange, da – plötzlich – war alles anders! – Zuerst fiel mir wieder dieses "Vibrieren der Wirklichkeit" auf, dann war plötzlich das Licht ganz anders. – Ein irgendwie flackernder rötlicher Lichtschein war um mich herum, vielleicht wie von einem Feuer, aber bewusst sah ich keines. Als Nächstes hörte ich unheimliches Singen, gemischt mit Gemurmel und hohlen, offenen, tiefen, lang gezogenen Tönen hinter mir. – Ich drehte mich um – und da waren sie wieder, dutzende, vielleicht hundert Totenköpfe in den Nischen, und sie verursachten diese unheimlichen Laute, Geräusche, Gesang, Stimmen. Diesmal war der

Augenblick des Erschreckens über die Schädel nicht mehr da, sondern eine urplötzliche Erkenntnis – oder besser ein Ahnen, ein Gefühl des Zurückerinnerns – dass der Zweck der Schädel wohl war, eine Art Verbindung herzustellen zu der Welt der Ahnen. Auf diese Weise konnten die Verstorbenen, die Ahnen, die Geister kommunizieren, Ratschläge erteilen, singen, einfach hier weiterleben und weiter „mitleben".

All das waren aber keine Gedanken im Kopf, sondern ich spürte das alles im Körper, – wie ich mich eigentlich überhaupt auf seltsame Weise nicht mehr vorhanden und doch so intensiv wie kaum zuvor im Jetzt lebend empfand. – Ich war aufgestanden und blickte wieder zum Urwald hin, als plötzlich der Steinsockel unter meinen Füßen zu leben begann. Er fing an sich zu bewegen in eigenartigen, unvorhersehbaren Wellenbewegungen, und ich musste diese Bewegungen ausbalancieren, um nicht runterzufallen. Schon bald war ich gezwungen eine Art seltsamen Tanz aufzuführen, um nicht von dem Sockel zu stürzen, und plötzlich hörte ich mich mit zwar meiner, aber doch irgendwie anders klingenden Stimme, mir völlig fremdartige Laute und Melodien singen. –

Ich musste lachen, denn selbst in diesem irren Moment, des nicht einzuordnenden Jetzt-Erlebens in einer offensichtlich anderen Realität, war ein Teil von mir total banal im alltäglichen "Günther" verhaftet, – denn mir war der Gedanke gekommen, wie seltsam ich doch auf einen vielleicht zufällig auch hier herumspazierenden Schweizer wirken müsste. – Ich weiß heute nicht mehr, ob dieses Einschalten der Gedanken mein Jetzt-Erlebnis stoppte, oder ob die seltsamen Erlebnisse in dieser Nacht noch weiter gingen. Ich nehme das Zweite an, da mir noch lange Zeit nachher in Träumen weitere Erlebnisse aufstiegen, die ich aber nicht genau einzuordnen imstande war und bin.

Es war schon hell, als ich ins Camp zurückkam und einige waren schon geschäftig beim Frühstück machen.

Das Foto entstand an diesem Morgen und ich sehe in meinen Augen noch die Intensität der Erfahrungen dieser Nacht.

Yaxchilan – 1987

Es folgt jetzt ein 8 Jahre Sprung nach vor ins Jahr 1995

Uxmal – 1995

6.
Wheel-Workings – 1995
ARENAS OF EXPERIENCE

„Wheel-Workings" waren in diesen Jahren das Zusammenkommen und gemeinsame Lernen und Erfahren der Mitglieder der „Inneren Kreise" des amerikanischen und des europäischen Rades. Diese Treffen fanden unter der Leitung des Naguals Tehaeste entweder in Phönix/Arizona statt oder an speziellen Kraftorten in Mojave Dessert, Joshua Tree, Süd-Mexiko oder Guatemala.

Joshua Tree

6.1 Chichen Itza

Die Zeit in Chichen Itza habe ich als eine sehr intensive zeremonielle Beschäftigung mit der Auflösung der Ego-Verstrickungen, die einem wahren Ergreifen der Kraft und einem Annehmen höherer Möglichkeiten im Wege stehen, in Erinnerung.

Es ging viel um das Annehmen von Leadership und das Verfeinern des individuellen Zugangs dazu. Viel Zeit, vor allem bei Nacht, verbrachten wir in den verfallenen und teilweise völlig überwachsenen Ruinen des „alten Chichen Itza", die etwas entfernt von den allgemein bekannten Tempelanlagen mitten im Urwald lagen. Wir erlernten und erprobten dort einige der sogenannten „sorcerer-passes", magische Bewegungen der Kraft, die dazu dienen, neue Räume und Dimensionen zu eröffnen und zu betreten.

Ich erinnere mich im Zusammenhang mit den Erfahrungen dieser Tage daran, für mindestens eine Nacht wirklich nicht gewusst zu haben, ob ich jetzt nicht in eine andere Zeit- und Raum-Dimension gewechselt war. Jedenfalls war ich auf dem verfallenen Dach eines mit unzähligen Urwaldpflanzen überwachsenen Tempels gestrandet. Ich erlebte den Tempel im Glanz seines neu erbauten und seines verfallenen Zustandes zugleich. Ich war ein zeitloses Wesen weit jenseits menschlicher Assoziation. Mir begegneten in Augenhöhe gottgleiche Wesen, aus allen menschlichen Traditionen dieser Erde, griechische, indische, chinesische, germanische, toltekische, unterschiedlichste afrikanische und brasilianische, Inka- und sonstige südamerikanische Gottheiten, und auch solche, die ich gar nicht zuordnen könnte. Und vor all diesen Zeugen war ich gezwungen, auf diesem Tempeldach in die Urwaldnacht hinaus zu tanzen und zu singen und zu erklären, was ich bereit bin, dieser Welt zu geben und worum es mir gehe in all meinen Bestrebungen des Lernens und Wachsens. Und ich wusste zugleich tief in mir, dass all das eine Absichtserklärung war, die nur sehr schwer, wenn überhaupt jemals zurückgenommen werden könnte. Ich war erfüllt von einerseits einem Gefühl, mir eine Bürde aufgeladen zu haben und andererseits einer wundervollen Zugehörigkeit zu einem erlesenen Zirkel von Eingeweihten. Schließlich blieb Letzteres übrig und tief in mir war eine klare Ausrichtung und lichtdurchflutete Öffnung geboren, die ich seither oftmals bei Bedarf wieder aktivieren konnte.

6.2 Uxmal und Oxcintok –
Der Battle-Kachina-Tanz

Nach den Erfahrungen in Chichen Itza fuhren wir alle nach Uxmal, wo unser „wheel-working" weiterging.

Wir bereiteten uns auf die, eine ganze Woche dauernde **„Battle-Kachina-Zeremonie"** vor. Dazu stiegen wir hinunter zum Eingang in das weitläufige (mir wurde gesagt mehr als 35 Kilometer lange) unterirdische Höhlensystem von Oxcintok – in der Nähe von Uxmal. Wir waren zu „twin-pairs" eingeteilt, die sich gegenseitig mit den entsprechenden Farben und Symbolen bemalten. Alles in Allem waren es acht verschiedene sehr aufwendige Ganzkörperbemalungen.

Teile der Bemalung mussten individuell, zeremoniell „erträumt" werden, andere waren vorbestimmt.
Bemalt wurde in der Zinotenhaften grottenförmigen Lichtung vor dem Höhleneingang.

Jede der Bemalungen wurde durch einen Kachinatanz wachgetanzt. Dazu begaben wir uns hinunter, tief hinein in das Höhlensystem, bis zu einer überraschend großen, geräumigen und verblüffend hohen Höhle, in der hundert Menschen bequem Platz gefunden hätten. Dort wurde dann „getanzt" – das heißt – einzeln einer nach dem anderen.

Du stehst in der völlig finsteren Höhle, spürst dich in deine Bemalung hinein. Lässt sie in dich eindringen, nimmst die Energie der

Symbole in dich auf und lässt deinen Körper die Stellungen einnehmen, in die er sich bewegen will. Immer wieder wird ein Blitzlichtgerät betätigt, das dich für Sekundenbruchteile hell erleuchtet. Das Licht „brennt" die Symbole ein und weckt in dir etwas auf. Es kann geschehen, dass Erinnerungen oder Visionen auftauchen. Die anderen schauen zu und haben ihrerseits erstaunliche Visionen. Durch das unerwartete blitzartig aufleuchtende Bild, „sieht" man für diesen Sekundenbruchteil rein „energetisch". Es bleibt gar keine Zeit zur Fokussierung geschweige denn „Symbolisierung". Erst Sekunden später erfolgt die „Übersetzung" des Gesehenen in Bekanntes, wie z.B. eine Szene aus einem anderen Leben, einer anderen Zeit, oder überhaupt ein anderes Wesen. Die Zusehenden können dann auch gegebenenfalls in Stichworten ihre Visionen verlauten, die meist verblüffend nahe am eigenen Erleben sind.

Nach dem Tanz lässt du das Erfahrene etwas einwirken – und dann geht es weiter mit der nächsten Bemalung.

Die ganze Zeremonie war eine unbeschreiblich außergewöhnliche Erfahrung – eine ganze Gruppe verrückter Menschen an diesem magischen Ort – völlig aus dem Zeit-und-Raum-Gefüge rausgekippt. Flash-artige „Erinnerungen" oder Eindrücke von anderen Leben, anderen Zeiten – schwer bis gar nicht zu beschreibenden Energieformen und Erfahrungen, – fremdartige und doch gleichzeitig vertraute Empfindungen des „energetisches Zerteilt- und Zusammen-Gesetzt-Werdens" – ein letztlich neues Ganz-Werden und Ganz–Sein.

(Mehr über den theoretischen Hintergrund der „Battle-Kachinas" – im Teil 1, Kapitel 9).

6.3   The 4-Day-Hole-In-The-Ground-Ceremony
Die 4 Tage und 4 Nächte in der Höhle – Zeremonie

Nach dem offiziellen Ende des „Wheel-workings" blieb ich, und auch einige wenige Andere noch länger in Uxmal – und ich benutzte die Gelegenheit, in diesem riesigen Höhlensystem von Oxcintok die sogenannte *„4-Day-In-The-Ground-Ceremony"* zu tun. Es geht dabei unter anderem darum, vier Tage und Nächte alleine in völliger Dunkelheit ohne Essen und ganz wenig Wasser, dich der Schwingung der Mineralwelt und dem Schoß der Erde hinzugeben.

Zur Vorbereitung auf die Zeremonie hatte ich schon 2 Tage rund um den Höhleneingang verbracht. Ich fastete zur Einstimmung – und auch weil ich in der Höhle ganz sicher keinen Stuhlgang mehr haben wollte. Für den Urin nahm ich ein grö-  ßeres verschließbares Plastikgefäß mit. An diesen Tagen der Einstimmung beobachtete ich das rege Leben der Fledermäuse und der Schwalben in dem großen grottenhaften Eingangsbereich des Höhlensystems, – noch genauer als ich es schon beim Bemalen zur Battle Kachina Zeremonie getan hatte.

Jeden Abend nach Einbruch der Dunkelheit schwirren hunderte Fledermäuse raus aus der Höhle und jagen flatternd an den Felswänden entlang nach ihrer Insektenbeute. Vor Tagesanbruch fliegen sie alle, wie auf Befehl zurück in die Höhle. Doch die Ruhe währt nicht lange, denn gleich nach dem Morgendämmern erwachen dutzende, vielleicht auch hunderte Schwalben und übernehmen das Flattern, Schwirren, Schweben und Jagen, bis sie sich gegen Abend in ihre Nester in den Felswänden zurückziehen und wieder an die Fledermäuse übergeben.

Die Nacht verbrachte ich in der Nähe des Höhleneingangs, zirka zehn Meter tief drinnen in der Höhle. Der Boden war völlig bedeckt mit Fledermauskot und die Luft war voll mit dem unverwechselbaren Geruch der Tiere. Es war eine erstaunliche, wunderbare Erfahrung, von den dutzenden Fledermäusen im Dunkel fast berührt zu werden – manche spürte ich an meinen Haarspitzen – wie sie an mir knappest vorbeizischten, wahrscheinlich überrascht davon, dass hier jemand auf ihrem Weg hinaus oder hinein in die Höhle plötzlich in ihrer Flugbahn sitzt. Es war klar, dass ich für die Zeremonie viel tiefer in die Höhle hineingehen musste, schon alleine wegen der Fledermäuse.

Nach den Tagen der Einstimmung nun die Zeremonie:

Eine Begleitperson wird mich nach 4 Tagen durch Rufen und Trommeln am Höhleneingang wieder abholen. Ich ging und kletterte mithilfe meiner Taschenlampe die verschlungenen Gänge tiefer in das Höhlensystem hinein, bis ich einen mir geeignet erscheinenden Platz gefunden hatte. Dort breitete ich meinen Schlafsack aus, legte die wenigen mitgebrachten Gegenstände ab, orientierte mich noch einmal und drehte die Taschenlampe ab. Ich werde sie nicht mehr aufdrehen, bis die vier Tage und Nächte vorüber sind und ich die Rufe oder das Trommeln höre.

Anfänglich dachte ich, ich müsste mich nur an das Dunkel gewöhnen, so wie in einem dunklen Wald, wo man nach einiger Zeit des Gewöhnens sich dann doch ganz gut orientieren kann und zumindest umrisshaft, schemenhaft sehen kann. Aber hier war das anders. Da gab es gar nichts zu gewöhnen, da war es und blieb es schwarz, absolut schwarz. Auch zu hören war nichts, absolut nichts. Nach dem Ankommen im Dunkel und in der Stille erinnerte ich mich an die zeremoniell zu erfüllenden Vorgaben.

Da gibt es einmal die Beschäftigung mit den mindestens 15 sogenannten Ego-Toden und ihrer „Rekapitulation". Als Ego-Tod wird eine Erfahrung in einem der fünf Seins-Aspekte (emotional, mental, physisch, spirituell und sexuell) bezeichnet, die so stark verändernd wirkte, dass deine Ego-Identifikation zutiefst erschüttert wurde. Es geht darum, in jedem der Seins-Bereiche mindestens drei solcher Ego-Tode zu sterben.

Und letztlich musst du dich der unausweichlichen Tatsache stellen, dass du im Augenblick deines physischen Todes alles dir Vertraute und Bekannte, die gesamte „Konsensrealität", die „Wirklichkeit" der Schilde, auf deinem „Gang durch den Tunnel" aufgeben wirst müssen, verlieren wirst. Je mehr du dazu bereit bist, je öfter du schon Tode gestorben bist und vertraute Wirklichkeiten loslassen konntest, um so besser wirst du letztlich darauf vorbereitet sein – zumindest in dem begrenzten Rahmen, in dem das eventuell möglich ist, – ins völlig Unbekannte zu gehen, dich auf das Nicht-zu-Kennende einzulassen.

Für mich die stärkste Erfahrung in dieser Höhlen-Zeremonie war, dass nach einer Zeit von vielleicht ein, zwei Tagen, Zeit und Raum verschwinden und verschmelzen in einem dunklen, geborgenen „Einfach-Da-Sein". – Nach spätestens dem zweiten Einschlafen und Aufwachen hatte ich ja gar kein Gefühl mehr dafür, wie viel Zeit vergangen sein mag, da ich ja nicht wissen konnte, wie lange ich geschlafen hatte. – Das gesamte Erleben war ein nicht-definiertes, nicht-begrenztes, in absoluter Dunkelheit ohne Fokussier-Möglichkeit, raum- und zeitloses einfach bloß Da-Sein.

Ich fühlte mich während dieser Zeremonie jedenfalls wahnsinnig geborgen und „ewig" und eins mit dem Planeten Erde, in dessen Schoß ich war und so entstand dabei auch mein „Earth Celebration-Song", der bei den Lebenstänzen zur Ehrung des Elementes Erde und des Planeten Erde gesungen und getrommelt wird. Empfangen habe ich dieses Musikstück aus dem zutiefst empfundenen Eins-Sein mit diesem Planeten und einer Empfindung, dass es so etwas wie einen Evolutionsauftrag oder eine Art Zielsetzung für „die Erde" gibt, auf möglichst vielfältigste Weise, Lebewesen Heimat zu bieten – und ewige Kreisläufe des Lebens, des Todes und der Wiedergeburt zu ermöglichen, und ich empfand so etwas wie den Stolz und die Dankbarkeit von „Großmutter Erde" dafür, dass ihr dies auf so großartige Weise gelungen ist – und mich selbst als eines dieser Geburten, eines ihrer Kinder, als eine ihrer Ausdrucksformen.

6.4 Coba – Jaguar-Priest & Eagle-Warrior

In der Nähe der bekannten Tempelanlage Tulum, die direkt am Meer gelegen ist, befindet sich etwas abseits im Urwald die kleinere, nicht so bekannte Anlage Coba. Da dort nicht so viele Touristen und Wächter herumlaufen, wie in den bekannteren Anlagen, wählte ich diesen Ort, um eine spezielle Art von „Ahnen-Sprech-Zeremonie" zu machen.

Ich wartete, bis es zu dämmern begann und keine Menschen mehr zu sehen waren. Dann bestieg ich die steile Pyramide und setzte mich oben auf das Plateau. Ich genoss die ruhige Weite der sich ausdehnenden Dunkelheit des Waldes, den Wechsel der Geräusche des Tages zu denen der Nacht und war bald von einem Gefühl der Ewigkeit und Zeitlosigkeit umhüllt.

Coba

Langsam versanken die Wipfel der Baumriesen, die ich bis jetzt von meinem Tempelplateau aus noch in Umrissen erahnen hatte können, in einem immer dunkler werdenden See, und über mir erschien, wie von einem magischen „Dimmer" in Szene gesetzt, ein unglaubliches immer lebendiger werdendes, auf so vielfältige Art leuchtend und glitzerndes Sternenzelt. In mir stieg eine Ahnung auf, wie faszinierend und überwältigend dieses Ereignis für Generationen von Menschen durch alle Zeiten gewesen sein musste, – und im Speziellen waren es ja die Maya, die wahrscheinlich mehr als alle anderen Völker der Geschichte in diese faszinierende Ewigkeit eingetaucht sind. Was genau sie wohl sahen, wenn sie in den Nachthimmel staunten. Sahen sie das Gleiche wie ich oder nahmen sie eventuell anders und Anderes wahr?

Schließlich machte ich meine Pfeifenzeremonie. Meine Absicht war, Visionen und Einblicke zu bekommen, ob und in welcher Form ich eventuell schon in ein oder mehrere andere Leben im Energiefeld der Maya in Mittelamerika inkarniert war.

•••

Anmerkung:

Die Möglichkeit, dass unsere höher dimensionalen Persönlichkeitsanteile uns mehrere 3- und 4-dimensionale Leben ermöglichen, ist für mich durchaus denkbar. Auf die Frage, ob ich an Re-Inkarnation glaube, kann ich nur antworten, dass ich sie für möglich halte. Glauben will ich prinzipiell nichts – ich will Dinge wissen und erfahren aber nicht glauben müssen. Ich habe einige, – gar nicht so wenige – erstaunliche Erfahrungen gemacht, die für andere sicher schon mehr als genug Beweis für eine Aufeinanderfolge von Inkarnationen wären, und doch gibt es immer auch andere Erklärungen für solche Erfahrungen. Ein Empfangen ähnlicher Schwingungen, ein „Einklinken" in andere Träume und Energien, eine energetische Affinität oder Bewusstseins-Übertragung, usw. Ich finde es eigentlich auch gar nicht notwendig, mich zu entscheiden, ob es diese mehrere Leben für mich jetzt gibt oder nicht. Dass es mehrere Leben gibt, also nicht nur meines, ist klar. Wenn ich Erinnerungen oder Träume von anderen Leben habe, mögen diese anderen Leben „meine" eigenen sein oder jemandes anderen – eine wesentliche Rolle spielt der Unterschied für mich nicht, – letztendlich sind wir ja alle, gemeinsam mit allen anderen Wesen und Energien, doch nur Manifestationen des Einen-Ganzen. Jedenfalls sind diese Erfahrungen meine Träume und „Erinnerungen" und Bestandteile des Seelenfeldes „Mensch". Und wo es mir gelingt, diese in gefühltes „Körperwissen" zu integrieren, habe ich definitiv in diesem Leben und für dieses Leben dazugelernt.

...

Nach dem Aktivieren der Seherpfeife (nur naturreiner Tabak) öffnete ich mich den auftauchenden Visions- und Traum-Bildern.
... Ich stehe oben am Plateau des Tempels in Uxmal oder ist es doch Coba, wo ich auch jetzt bin? – Meine rechte Hand ist eine Jaguar-Pranke, in meiner linken Hand, halte ich einen Zepter-artigen Stock auf dem ein geschrumpfter oder getrockneter Affenkopf mit langen Haaren befestigt ist. Neben mir am Boden steht eine Steinschale, in der Feuer brennt oder eigentlich mehr eine Glut glost. Es gibt viele dieser Feuerschalen auch auf den Stufen des Tempels und es sind viele Menschen herum. Ich werfe Kräuter und Harz in die Schale, Feuer flammt auf und weiße Rauchschwaden umhüllen mich. Es riecht ganz intensiv nach Copal. (Ein Baumharz, ähnlich wie Weihrauch). Es ist eine feierliche fast theatralische Stimmung. Ich rufe ein paar Sätze. Der in Höhe und Tempo krass verzerrte Klang meiner Stimme reißt mich aus dieser Vision und
... ich finde mich, raschen Schrittes auf einem schmalen Pfad durch den Urwald gehen/laufen. Vor und hinter mir gehen noch ein paar andere. Ich höre mein kräftiges rhythmisches Atmen in meinem Kopf und auch außen. Wir sind schnell und zielgerichtet unterwegs. Ich

weiß, dass die Gruppe mich sicher in eine andere Stadt bringen soll, da ich dort eine Zeremonie zu leiten habe. – Es fehlen mir hier ein paar Erinnerungen. –

... Als Nächstes sitze ich in einer Art „Korb", der mittels zweier langer Stangen getragen wird. Ich fühle mich müde und erschöpft, ich denke, ich bin schon recht alt. Wir sind eine Gruppe von vielleicht acht bis zehn Menschen und sind wohl schon einige Tage unterwegs.

... Ich sitze in einem Kreis von 5 bis 7 Menschen, – ich denke, es ist in einem dieser Tempel-Räume in Uxmal, kann aber auch woanders sein. Von draußen fällt durch teilweise abgedeckte große Fensteröffnungen gleißendes Sonnenlicht in unwirklich scheinenden einzelnen, das zwielichtige Dunkel durchschneidende Strahlenbündel herein; – so werden manche Gegenstände besonders hervorgehoben und auf eindrucksvolle Weise beleuchtet. Im Zentrum unseres Kreises ist in der Mitte eine kleine Mesa und die Sonnenstrahlen beleuchten eine Terra-Cotta-Schale mit weißlich-grauer Flüssigkeit, eine Jade-Figur und noch weitere Zeremonial-Gegenstände. Ich höre gesprochene Worte, doch der Klang ist in Bezug auf das Tempo und die Tonhöhe grotesk ins Langsame und Tiefe verzerrt und unverständlich.

... Dann tauche ich noch viel tiefer in schwer in Worte oder Bilder zu übersetzende Erfahrungen ab. – Meine Arme sind an der Oberfläche gallertig, durchschimmernd und nicht klar begrenzt. Ich bemühe mich, meinen Körper zu sehen, sehe aber immer nur meine Arme. Alles, auch die Umgebung ist irgendwie „gallertig", durchsichtig, dickflüssig, wie in Aspik. Ich bewege mich auf seltsam schwebende, gleitende Art. Ich bin kein menschliches Wesen, wie sie mir vertraut sind und doch ist mir die Energie dieses Wesens vertraut. Es bin „Ich". Es gibt einige flüchtige Bilder, die ich wie durch eine klare, dickflüssige Scheibe wahrnehme, von Räumen, und kleineren, eher „normalen" halbnackten Menschen mit bunten Tüchern, die Ehrfurcht oder eher Angst vor mir zu haben scheinen. Ich fühle mich um einiges größer als sie. ...

Die Erfahrungen dieser letzten Sequenz sind ganz schwer in Worte oder vertraute Bilder zu übertragen. Alles, inklusive „ich" erscheint „mir" sehr fremdartig, „vielschichtig" und ich weiß, dass ich nur einen kleinen Ausschnitt erhasche und diesen in Vertrautes zu übersetzen versuche.

Das sind nur einige der Sequenzen und Bilder, die ich in dieser Nacht oben auf der Tempelpyramide in Coba an der Seherpfeife empfangen habe – und an die ich mich auch später noch erinnern konnte. Weitere Visionen sind noch schwerer in verständliche Symbole zu übersetzen und tauchten in späteren Träumen und Tagträumen immer wieder einmal bruchstückhaft auf.

Inzwischen war es völlig finster geworden und aus der Ferne war das Geheul von Brüllaffen zu vernehmen. Ich beendete meine Zeremonie, packte alles zusammen und machte mich auf den Heimweg, was ganz einfach war, da der „Urwald" um Coba ein ebener, nicht ganz so dichter Wald ist, der von vielen Wegen durchzogen ist. Das Gehen durch den dunklen Urwald, das Körperliche der Schritte, das Fühlen des Terrains, die Geräusche der Nacht, das Atmen – das Alles mischte sich in mir mit den Erinnerungen des „geträumt/gesehenen" Gehens in meinen Visionen, und ich war erfüllt von einem Gefühl des „ewigen Seins" – und eines „Immer-schon-da-Gewesen-Seins".

7.

DIE RÄDER DER KRAFT

In der Blütezeit und am Höhepunkt des Lernens und Zusammenwirkens mit dem Nagual Tehaeste gab es unter seinem Einfluss zwei
„Wheels of Power" (große Räder -, Ringe -, Gruppen der Kraft), die
daran arbeiteten, sich selbst zu vervollkommnen, „Krieger der Kraft"
zu werden und in weiterer Folge Wirkung im Kollektiv zu erzeugen,
um eine Entwicklung hin zu mehr Gewahrsein, Bewusstheit, weib-
lich/männlicher Balance und Weiterentwicklung des Menschseins
hinein in transpersonale, feinstofflich-subtile und kausale Bewusstseinsstufen.

Es gab Tehaestes amerikanisches „Träumer-Rad" in der uralten
Nagual-Tradition der Tolteken – und das davon gedoppelte europäi-
sche „Ghost-Wheel", auch „Mirror-Wheel" genannt.

Jedes der „Wheels of Power" bestand aus einer inneren Füh-
rungsgruppe von ca. 8 bis 12 Menschen, geführt von einem Nagual
und einer Nagualfrau. Im amerikanischen Rad waren das Tehaeste
und Dinibi. Im europäischen Rad waren das Barbara und ich. Nagual
und Nagualfrau konnten – aber mussten nicht unbedingt ein „Paar"
sein. Barbara und ich waren kein Paar, arbeiteten aber, wie ich meine, hervorragend als Nagualpaar zusammen. Die Räder der Kraft waren auf traditionell genau festgelegte Weise aufgebaut. Um das Zent-
rumspaar herum gab es eine „Nagualgruppe", die nach bestimmten
Kriterien zusammengestellt war, und deren Mitgliedern gemäß ihrer
Fähigkeiten bestimmte Aufgaben zugeteilt wurden. Darum herum
gab es ein weiteres Feld von Radzugehörigen, die in verschiedenen
Gruppierungen mit wiederum unterschiedlichen Aufgabenstellungen
betreut waren; in Europa waren es gesamt 72 Menschen, die „am
Rad saßen". Und dann war da noch der Einflussbereich auf weitere
Lehrlinge, Sonnentanzteilnehmer und Lodge-Mitglieder, also an
Lehrorten in Jahresgruppen lernende Menschen. Im Gesamten waren

das, in Amerika sowie in Europa, jeweils um die 500 Menschen. Alles in allem also an die 1000 und damit doch eine recht große Anzahl, – natürlich auch wiederum gar nicht so viele – im Vergleich zu „FC Barcelona"- oder „Harry Potter"- Anhängern.

Wie schon erwähnt, kam es ab ca. 1997 zwischen den beiden Rädern leider zu immer mehr Auffassungsdifferenzen bezüglich der Vision und vor allem bezüglich des „wie" des Umsetzens. Die vom Nagual Tehaste angebotenen „Traumsphären" und die darin möglichen Lernerfahrungen, wurden für mich und die meisten der Leiter der europäischen Lehrorte mehr und mehr unakzeptabel. Stark verkürzt könnte man sagen, es gab einen spürbaren Paradigmenwechsel.

7.1 Paradigmenwechsel — alte und neue Naguals

vom „dagegen kämpfen" zum „wofür?"
vom „weg-von" zum „hin-zu"
vom „individuellen-" zum „kollektiven Traum"

Wie bei jedem Paradigmenwechsel – wo ja für viele Menschen gleichzeitig eine wesentliche Grundsatz-Einstellungs-Veränderung des „Sich-in-der-Welt-Fühlens" stattfindet – so werden ganz allgemein auch in unserer Zeit und Gesellschaft deutliche Veränderungen sichtbar. So findet schon länger eine Schwerpunktverschiebung hin zu mehr Selbstverantwortlichkeit und Selbstbestimmung statt; auf dem Gebiet des Schamanismus ist dies eine Verschiebung:
– „weg von" – dem Heiler, dem Schamanen, dem Arzt, dem Therapeuten, dem Priester, der etwas für jemanden tut, von dem man abhängig ist, und der als Mittler zwischen der eigenen Gesundheit, dem Wissen und „Spirit" steht und agiert;
– „hin zu" – dem Heiler, dem Schamanen, dem Arzt, dem Therapeuten, dem Priester, der man selbstverantwortlich selbst wird, in seiner eigenen gelebten Verbindung zu Wissen und „Spirit".

Und in diesem Sinne muss sich natürlich auch die Rolle des Naguals verändern.

Seine Funktion war bisher, alleine und selbständig, aus der Tradition heraus, die Traumsphären für die anderen zu bereiten und sie hineinzuführen, damit sie dort die vom Nagual „vorgeträumten" Erfahrungen machen und somit beitragen, diese zu Substanz und Form zu verfestigen.

Die Aufgabe eines Naguals – im neuen Paradigma – wäre wohl jetzt, aufzuzeigen, wie „gemeinsam" Traumsphären kreiert werden können und in diesen und durch sie dann, „gemeinsam gewünschte" Realitäten für uns und in der Folge für alle anderen erschaffen werden können.

So ein einschneidender Paradigmenwechsel konnte naturgemäß nicht von einem Nagual der alten Tolteken-Sorcerer-Tradition, in der es in erster Linie um das individuelle Erlangen und Bewahren von Kraft und Macht geht, durchgeführt werden.

Es gereicht Tehaeste zu großer Ehre, dass er diesen Übergang durch seine Teachings und sein Wirken großartig vorbereitet hat. Dass er selbst als Mensch und Nagual nicht weiter in dieses neue Paradigma führen konnte, ist schade, aber aus seiner Entwicklungsgeschichte zu verstehen.

Diese essentielle Einstellungsveränderung konnte nur von Menschen und Naguals durchgeführt werden, die zwar in der alten Tradition gelernt und Wissen, Fähigkeiten und Kraft erlangt haben, diese aber jetzt in einem neuen Sinn und für einen neuen Zweck einzusetzen bereit waren.

Das mag alles logisch und einfach klingen – in der Praxis befand und befinde ich mich hier oftmals in einem schwer zu erreichenden, schwer aufrecht zu erhaltenden und noch schwerer zu ertragenden „Zwischen-Raum". – Wie viel einfacher war es doch und wäre es noch, auf Altbewährtes, schon immer so Gewesenes zurückgreifen zu können und sich hinter der Autorität anderer (einem „Rat der Ältesten" oder sonstiger weiser Ahnen) zu verstecken.

Abgesehen von der großen energetischen und spirituellen Herausforderung, mich immer wieder in unbekannte Räume zu begeben, mich auf neue Erfahrungen einzulassen und andere dazu zu inspirieren, Gleiches mit mir zu tun, stellt das Ganze auch eine gar nicht so kleine Herausforderung an die Selbstwichtigkeit und das Ego dar.

Der „Job" als Nagual im neuen Paradigma ist wesentlich schwieriger geworden und hat gleichzeitig all die Annehmlichkeiten des Status, des Images und der Wichtigkeit, die früher damit verbunden waren, verloren.

Meine Wirkung hat nur eine solche, wenn sie sich von mir völlig selbstlos initiiert –, im behutsamen Erspüren des Kollektiven Traumes, möglichst unbemerkt und nicht zu viel mit mir in Verbindung gebracht – entfalten kann.

Am besten war es immer dann, wenn jeder Beteiligte glaubte, er wäre selbst die Ursache der Erfahrung gewesen – und im besten Fall war es dann ja auch so – wenn es mir gelungen ist, wirklich den gemeinsamen Traum zu erfassen und behutsam und geschickt, möglichst undirektiv zu seiner Entfaltung beigetragen zu haben. Ich denke doch, dass mir das sehr oft recht gut gelungen ist.

... Nur der ist ein guter Bergführer, von dem die Menschen am Gipfel sagen: „Wozu haben wir ihn eigentlich gebraucht? ...
Laotse

Natürlich stellte sich mir nach der Trennung von Tehaeste auch die Frage, ob ich jetzt überhaupt noch ein „Nagual" war, – einer ohne Rad der Kraft? Und doch war der ins Leben gerufene Impuls des „europäischen Rades" so stark, dass nicht nur ich, sondern mit mir auch ein Teil des Rades – einfach noch eine Zeit weitermachten, und auch zeremoniell einen neuen Fokus für etwas Neu-zu-Entstehendes setzten.

Nach der Trennung war jedenfalls alles anders. Ich hatte jetzt keine „Lehrlinge" mehr im traditionellen Sinn – und doch waren es immer mindestens 15 bis 30 (viele davon meine „Ex-Lehrlinge"), die all die Jahre von und auch mit mir weiterlernten.

Und es gab keine definierten Radmitglieder – und doch gab es diese kleine beharrliche fixe Gruppe um Barbara, Robert, Loon und mich, von 50 bis 60 höchst engagierten Menschen, die all die Jahre beständig dabei blieben. – Und ich spreche hier von 15 und mehr Jahren! –

Vielleicht war das Ganze ja ein viel entspannteres, zwar nicht definiertes, aber vielleicht natürlicheres „Rad der Kraft", im neuen Paradigma geworden.

Richtig klar wurde mir erst Jahre später, – im genauen Betrachten und Rekapitulieren, was ich in all der Zeit getan habe, – dass ich nie aufgehört hatte Nagual zu sein, auch wenn ich mich nicht mehr so gefühlt oder bezeichnet hatte. Erst im Annehmen der Tatsache, dass der Paradigmenwechsel auch die Rolle und Funktion eines Naguals verändert, und im Anerkennen meiner Tätigkeit und Wirkung durch all die Jahre, wurde es mir möglich, mich wieder als Nagual zu empfinden und zu benennen.

Natürlich könnte ich jetzt auch einen anderen oder gar keinen Namen für meine Tätigkeit wählen – nur ist es für mich so einfach stimmiger, da ich mich immer noch in einer „Linie der Absicht" empfinde.

7.2 Paranoia?
– oder in den Fängen der „Dunkel-Mächte"?

Warum gibt es im Energie-, Gedanken- und Lehr-Feld praktisch aller bekannt gewordener „Naguals" so eine starke Betonung und ein Beharren auf einem oder gleich mehrerer schrecklicher Bedrohungs-Szenarien?

Es betrifft die in die Welt gesetzten Abstrusitäten, mit denen der „späte" Carlos Castaneda begonnen hat und die von seinen (Mit)Schülerinnen Carol Tiggs, Tashiba Abelar und Florinda Donner-Grau fortgesetzt wurden und die schließlich auch von neuerdings auftauchenden Naguals wie Lujan Matus weitergesponnen werden.

Alle die Genannten und auch mein Lehrer Tehaeste beschreiben (Castanedas') gefährliche außerirdische Luminosity-Fresser, als

... dunkle riesige Schatten-Monster („Flieger"), die von weit her aus den Tiefen des Alls gekommen sind und die unsere Leuchtkraft abziehen und uns wie Legebatteriehühner als energetische Nahrung benutzen. ...

Man findet dieses Thema in letzter Zeit vermehrt auch bei anderen spirituellen Lehrern und Autoren.

Hier handelt es sich wohl wieder einmal um das gute alte Prinzip des Nach-Außen-Projizierens des eigenen Schattens – ganz im Sinne von C.G.Jung's Schatten/Persona-Konzepts. Dass in diesem Fall der eigene Schatten gleich bis ins ferne Weltall projiziert und mit so viel Macht ausgestattet wird, dass er die gesamte Menschheit tyrannisiert, ist ein Novum, das aber – wenn man das allgemeine Verhältnis zu „Macht" der alten Naguals und Sorcerer mit in Betracht zieht, – wiederum logisch und verständlich erscheint.

Dass diese dunklen, Lebensenergie fressenden Monster nicht als die eigenen Unzulänglichkeiten, Lieblosigkeiten, unerledigten Selbstkonzept-Probleme, Allmachtfantasien, Minderwertigkeitskomplexe, Gier, Ausbeutungs- und Unterdrückungs-Tendenzen, Depressions-, Sinnlosigkeits- und Angst-Zustände, – also als die Monster der eigenen Psyche – erkannt und benannt werden, erscheint als besonders groteske Form der Verdrängung; insofern, dass gleich als Lösungsangebot – als Weg diesen Monstern zu entkommen, – etwas angeboten wird, was man am besten – ja eigentlich nur – von dem Nagual lernen kann, der diese Monster ja überhaupt erst an die Wand gemalt hat.

Wenigstens sind die dann angebotenen Methoden – zumindest in vielen Fällen – wirklich „monster-killer-taugliche", und wenn das so ist, dann wird es gelingen mithilfe wirksamer Schatten-Arbeit, die Monster „in Schach" zu halten.

Schade bleibt dabei trotzdem die Tatsache, dass die Monster niemals als die eigenen anerkannt werden, somit auch nicht integriert und ins Licht gekehrt werden können. Sie bleiben „der Feind" da draußen und man darf sich wieder einmal (wie in Sekten üblich) als zu der erlesenen Elite zugehörig fühlen, die „es geschafft haben". Dies ist eine selbstgefällige, wohlige Aussichtsposition, von der aus man zusehen kann, wie die anderen, die nicht erlesenen, weiterhin ihr kümmerliches Da-Sein als Monsterfraß fristen.

Richtig schade dabei finde ich, dass die ja sehr wohl von vielen Menschen empfundene „Bedrohung", – wenn sie schon nicht in der eigenen Psyche erlöst wird und sich unbedingt einen „Feind da draußen" suchen muss – sich nicht wenigstens gegen „berechtigtere" Bedrohungen richtet.

Die beschriebenen *gefährlichen ... dunklen riesigen Schatten-Monster, die ... unsere Leuchtkraft* (unsere Lebensenergie und unsere Bewusstheit) *abziehen und uns wie Legebatteriehühner als energetische Nahrung benutzen,* ... lassen mich viel eher an ungezügelte Finanzmärkte, Raubtier-Kapitalismus, globale Menschen- und Naturverachtende Gier und Ungerechtigkeiten, negativen Sensationsjournalismus und die aus diesen und weiteren ähnlichen Bestandteilen gekochte „Seelen- und Bewusstseins-Suppe" denken – als an außerirdische Monster.

..., dann darf man diagnostizieren, dass wir, die privilegierten Erben eines immer gefährdeteren und global zerstörerischen Imperiums, an Dämonenbesessenheit gewaltigen Ausmaßes leiden. Die uns manipulierenden Parasiten verstecken sich in unserem egozentrischen Materialismus und geistigen Nihilismus. In unseren Träumen machen sie sich lustig über uns. Ihr Wille wird vollstreckt von multinationalen Unternehmen, die man, aus schamanischer Sicht, als zweideutige empfindungsfähige Wesenheiten ansehen kann, welche lieber außerhalb menschlicher Kontrolle agieren, in okkulten Informations-Ökosystemen und Hochgeschwindigkeits-Geldmärkten. Wie alle Archonten vergrößern diese, häufig mit mythologischen Symbolen versehenen, Unternehmen ihre eigene Macht, indem sie die Menschen dazu zwingen, an sie zu glauben und ihrer Herrlichkeit Opfer zu bringen. Ihr Ziel ist anscheinend die Umwandlung der Erde in eine nichtmenschliche Öde. ...
Daniel Pinchbeck; Den Kopf aufbrechen – eine psychedelische Reise ins Herz des Schamanismus.

Auch Daniel Pinchbeck spricht hier von *uns manipulierenden Parasiten und Archonten,* wobei ich nicht weiß, ob er das wörtlich oder symbolisch meint, ich denke eher zweiteres.

Jedenfalls gibt es überraschend viele, die ernsthaft der Meinung sind, dass wir als gesamte Menschheit von „außerirdischen Parasiten" befallen sind und seit Jahrtausenden von diesen nichtphysischen Bewusstseins-Fressern auf evolutionär niedriger Bewusstseins-Entwicklungsebene gehalten werden.

Genannt werden unter anderen der

... Demiurg, eine nicht-physische Intelligenz, die das gesamte Universum in eine kalte deterministische Maschine umgebaut hat, ...

Des Weiteren wird noch von *den Archonten* geschrieben:

... Hier auf Erden verfügen sie über ein Netzwerk von negativen We-senheiten, die unsere Seelenenergie „ernten". Zu diesem Netzwerk gehören Dämonen, parasitäre Gedankenformen, von menschlichem Leid und Perversion erzeugt, sowie Geister, die im Dienst der Dä-monen stehen.

Sie sind alle nicht physische Raubtiere, die herumlaufen und bei je-der Gelegenheit menschliches Leid anstiften, um sich von der freige-setzten negativen Seelenenergie zu ernähren. Sie sind Energie-Fresser, Geist-Manipulatoren und Peiniger, die uns, wenn wir nicht bewusst sind, manipulieren wie ein virtuoser Geigenspieler sein In-strument. Sie können irreführende Synchronizitäten orchestrieren, Unfälle und Krankheiten herbeiführen, sie induzieren Gedanken und Emotionen in uns während Zeiten gesenkten Bewusstseins, bis hin zu schizoiden Symptomen. ...

Dieter Broers zitiert hier Tom Montalk; in Der verratene Himmel – Rückkehr nach Eden.

Wow!!

Ich bin zutiefst beeindruckt, – wenn man sich überlegt, was DIE alles können sollen, und wofür dieses obskure „*Netzwerk negativer Wesenheiten*" alles in Wahrheit verantwortlich ist. – Was für eine Erleichterung, ich dachte schon ernsthaft, wir wären selbst für unsere Unzulänglichkeiten, unsere negativen Gedanken und Gefühle und deren Ausagieren verantwortlich. Öffnet die Gefängnisse, schreibt die Geschichte um, sie/wir sind alle unschuldig, es waren doch in Wahrheit der Demiurg, seine Gehilfen, die Archonten und all das an-dere unsichtbare dunkle Pack!!

Erstaunlich für mich ist, dass diese Geschichten von Autoren ver-breitet werden, die gleichzeitig durchaus glaubhaft über vedisches und anderes spirituelles Wissen schreiben und als Ziel der menschli-chen Entwicklung das Erreichen des Non-dualen Bewusstseins durchaus erkennen – und auch proklamieren. Wie erklären sie sich dann die Tatsache, dass auf höheren Bewusstseinsebenen alles nicht nur mit allem in Verbindung ist, sondern alles letztlich Eins ist und wir und der Demiurg, die Archonten und all die „dunklen Parasiten" schließlich/letztlich dann doch wieder ein Teil des Selbst – unseres SELBST – sind. (Es sei denn, die Außerirdischen zählen irgendwie nicht zu dem Alles ☺).

Also vielleicht sollte man sich dann doch wieder „ein wenig abregen" und mit dem „man in the mirror" beginnen und die Verantwortung bei ihm lassen. Die reinigende Arbeit an den Gedanken und Gefühlen, also an der (nagual-schamanischen) 4. Dimension, bleibt uns nicht erspart – siehe Vorwort. –

Ich muss allerdings schon sagen, oberflächlich betrachtet könnte man diese Ideen auch als sehr „schamanisch" ansehen. Die dunklen Mächte, die uns zu versklaven trachten, eine Welt voll mit Geistern und Dämonen, ein Macht-Kampf zwischen dem Bösen und dem Guten, zwischen den Mächten der Finsternis und den Lichtwesen.

Wow!   – Wie aufregend, – wie „schamanisch"
   – und das Beste daran: **Wir sind die Guten !!!**

Und obwohl – oder wahrscheinlich sogar weil – ich doch recht tief in „die schamanische Wirklichkeit" – „die Anderswelt" – eintauchen durfte und mich in vielerlei Hinsicht „eingeweiht" empfinde, werde ich mich hüten, in diese Falle zu tappen.

Jetzt im Ernst:
   Dies ist doch ein großartiges, wenn auch fast schon peinlich schlichtes Beispiel für das „Projektionsphänomen". Wir werden also *wie Legebatteriehühner als energetische Nahrung benutzt?* – Es sind immer noch wir, die <u>wirklich</u> Hühner in Legebatterien als Nahrung halten. Wir werden also von Parasiten als Wirtstier benutzt? – Es

sind immer noch wir, die <u>wirklich</u> die ganze Erde als Wirtstier benutzen und ausbeuten!

Wir werden nicht umhinkommen, diese „dark-force", diesen „Demiurg und all seine Gehilfen" als Teil unseres kollektiven Seelenfeldes (Bewusstes, Unterbewusstes und Unbewusstes) zu erkennen und zu akzeptieren. – Und ja, ganz klar ist diese kollektive Seele nicht nur eine Licht- und Liebe-durchflutete, ausschließlich an der Erschaffung „heller" Wirklichkeiten interessierte Bewusstseinssphäre, sondern beinhaltet auch all den Seelenmüll der Negativität, des Hasses und der leidvollen Erfahrungen vieler Millionen von Menschen durch alle Jahrhunderte.

Nur wie begegnen wir dieser Tatsache?

Diese „Dunklen Kräfte" in Form von „Nacht-Krieger-Tätigkeiten" in höheren Dimensionen zu **bekämpfen**, wird wohl nur die Dunkelheit bekräftigen und uns selbst zu einem aufrechterhaltenden Teil des dunklen Spiels machen.

Sie zu **ignorieren** kann in bestimmten Situationen durchaus sinnvoll sein, wird aber letztendlich keine verändernde Wirkung erzeugen.

Wollen wir in einer „helleren", freundlichen, vielleicht sogar liebevollen Welt und Wirklichkeit leben, werden wir nicht umhin kommen, **mit der Freundlichkeit, der Liebe und dem „hellen" Sein selbst zu beginnen.** (Siehe auch Teil 1, Kapitel 10)

... Wir haben eine gewalttätige Gesellschaft errichtet, und wir, als Menschen, sind gewalttätig. Unsere Umgebung und die Kultur, in der wir leben, sind das Produkt unseres Strebens, unserer Kämpfe, unseres Schmerzes und unserer entsetzlichen Grausamkeiten. Die wichtigste Frage lautet also: Ist es möglich, dieser Gewalt in einem selbst ein Ende zu setzen? Das ist die Frage, auf die es ankommt. ...
Jiddu Krishnamurti

Noch einmal zu diesen „dunklen Wesen", die an uns fressen.

Mein Lehrer Tehaeste meinte, ... *„der einzige Grund warum diese Wesen existieren ist, weil wir sie kreiert haben".* ...

Ich meine hingegen, „sie" existieren nur, wenn wir sie immer wieder neu kreieren, ihnen Macht geben, indem wir sie stetig füttern. Von sich aus können die gar nichts, aber solange wir sie höchst bereitwillig mit ihrer Lieblingsspeise versorgen, – nämlich unserer Negativität und all den Schattenenergien, die sie ja im Eigentlichen sind und von denen sie sich nämlich in Wahrheit ernähren, (nicht von unserer Leuchtkraft!) – solange werden sie/wir uns das Licht verstellen.

7.3 Weiblich/männlich – Innen/Außen –
– Natur/Technologie

Noch ein paar weitere Gedanken zu dem erwähnten Paradigmenwechsel.

Nach wahrscheinlich tausenden von Jahren Matriarchat mit an-
schließenden tausenden von Jahren Patriarchat, in denen das Leben
der Menschen durch die Vorherrschaft (missverstandener und
pervertierter) männlicher Energie geprägt wurde, macht sich – von
Vielen heiß herbeigesehnt und vorgeträumt – ein Wandel bemerkbar.

Diese Veränderung, die sich langsam in den verschiedensten Bereichen menschlicher Erfahrung auszuwirken beginnt, ist eine sehr
umfassende, alle Lebensbereiche erfassende. Eine Schwerpunktverschiebung hin zu weiblich/männlicher Balance und Ausgeglichen-
heit.

Für die meisten Menschen scheint es unzweifelhaft festzustehen,
dass wir – die Menschheit – die Krönung der Schöpfung sind. Und
um das zu beweisen, werden meist unsere industriellen und technologischen Fortschritte genannt, die von keiner anderen Lebensform
auf diesem Planeten auch nur annähernd erreicht werden.

Ich denke hier werden Äpfel mit Birnen verglichen und es wird
eine Wertung vorgenommen, die eine sehr einseitige, alleine von
menschlichen (männlichen) Wertigkeiten und Wichtigkeiten ausge-
hende ist und deswegen zu diesem (Trug)Schluss führt.

- Wozu bräuchte eine Eule oder eine Katze oder eine Fledermaus ein
Nachsichtgerät zu entwickeln, wenn es den gleichen Effekt ganz ohne Gerät aufgrund selbst entwickelter Fähigkeiten erreichen kann?

- Wozu braucht ein Wal, ein Delphin oder ein Hai ein Radarsystem,
wenn er mit seiner Haut alleine imstande ist, Beute oder Feind kilo-
meterweit an den Schwingungen im Wasser orten kann?

- Wozu brauchen Zugvögel ein Navigationssystem, wenn sie ihr Ziel
auch so aufgrund ihrer Fähigkeiten ausnahmslos finden, selbst wenn

es, wie in manchen Fällen nur ganz bestimmte tausende Kilometer entfernte kleine Inseln sind?

- Oder Meeresschildkröten, die nach dem Schlüpfen aus dem Ei ganze Meere durchqueren und später wieder an den Strand ihrer Geburt zurückfinden.

- Klapperschlangen machen sich ein „Wärmebild" ihrer Umgebung und können Temperaturen von drei Tausendstelgraden unterscheiden.

- Wale, Delphine und Fledermäuse registrieren Schwingungen im Bereich von 50.000 bis 400.000 Hertz (Menschen 16 bis 20.000 Hertz).

- ein Seidenspinnermännchen „wittert" den Sexuallockstoff eines Weibchens aus 11 Kilometern.

Man könnte diese Aufzählung noch sehr lange weiterführen und die Fähigkeiten von Bienen, Maulwürfen, Insekten und Spinnen anführen.

Was hinter all den Überlegungen steckt, ist wohl, dass sich der Mensch irgendwann in seiner Evolution dazu entschlossen hat, seine Fähigkeiten nicht mehr „innerlich, in sich" weiter zu entwickeln, (weiblich, nach Innen gehend), sondern sie nach Außen zu verlagern und „im Außen" (auf männliche Art) zu entwickeln und so eine „Technologie-Abhängigkeit" kreiert hat.

Ein momentaner Höhepunkt dieser Entwicklung ist wohl die „Cloud", in die alle digitale Information gespeichert werden kann und wohl auch soll – ein schwaches Imitat des ohnehin vorhandenen morphogenetischen Feldes, mit dem man ohnehin verbunden ist und zu dem man auch willentlich und bewusst ohne ressourcenvernichtender Technologie Zugang bekommen kann.

Was für Möglichkeiten, Erkenntnisse und Erfahrungen könnte die Menschheit erlangen, wenn sie ähnlichen Aufwand, Geldmittel und

Erfindergeist in das Entwickeln der eigenen „inneren" Fähigkeiten stecken würde?

– Man könnte zum Beispiel herausfinden wollen, was genau ein A-xolotl, eine Eidechse oder einen Oktopus dazu befähigt, abgetrennte Gliedmaßen wieder nachwachsen zu machen.

– Man könnte zum Beispiel intensiv an der Entwicklung telepathischer Fähigkeiten arbeiten und diese Fähigkeiten schon mit Kleinstkindern üben und sich den gesamten Telefonie- und Mobilfunk-Irrsinn ersparen.

Dies sind nur ein paar Ideen – die jeder gerne für sich weiter spinnen kann und sollte, denn eine „Innere Entwicklung" von Fähigkeiten würde auch das Überleben des Planeten und seiner Artenvielfalt und damit auch der Menschheit wesentlich besser sichern, als das weitere Wüten einer entfesselten industriellen und technologischen „Fortschritts"- und Konsum- Gesellschaft.

Immer noch sehnen sich ja naive, oder vielleicht kann man ruhig sagen dumme Politiker und Wirtschafts-"Fachleute" nach „mehr Wachstum" – und meinen damit wiederum „Außen"-Wachstum der Wirtschaft und damit das weitere umweltvernichtende Erzeugen von zum überwiegenden Teil völlig unnützen, un-intelligenten Produkten. Man(n) hat noch immer nicht begriffen, dass das einzige sinnvolle Wachstum in einem geschlossenen System (und so eines ist unser Planet letztlich) nur inneres Wachstum sein kann – also Persönlichkeits- und Bewusstseins-Entwicklung und Erfahrung des SELBST.

Vielleicht muss es aber erst einmal zum vollständigen Zusammenbrechen der jetzt vorherrschenden Außen-Hörigkeit kommen, damit dann ein Umdenken und eine andere, gesündere innere Entwicklung stattfinden kann.

... Würde so viel Geld, Arbeitskraft, Energie, Zeit und Denken, wie in das Wettrüsten investiert wird, für die Förderung höherer Bewusstseinszustände aufgewendet, wäre wohl gar kein Wettrüsten mehr nötig. ... Peter Russel; Die erwachende Erde.

Robert De Ropp meinte dazu schon 1968 in seinem Buch „Das Meisterspiel", dass wir Menschen verschiedene Arten von „Spiele" in unserem Leben spielen, die Rückschlüsse auf unsere Reife und innere Entwicklung zulassen; – Spiele zum Erlangen materieller Werte und „Metaspiele" um immaterielle Werte wie Wissen, Wahrheit und Erkenntnis und vielleicht sogar Erleuchtung:

... Es bleibt immer noch das schwierigste und am meisten fordernde der Spiele, und es gibt nur Wenige in unserer Gesellschaft, die es spielen. Der vom Flitterglanz seiner eigenen Firlefanz-Erzeugnisse hypnotisierte Zeitgenosse hat wenig Kontakt mit seiner inneren Welt; er befasst sich mit dem äußeren, nicht mit dem inneren Raum. Aber das Meisterspiel wird ausschließlich in der inneren Welt gespielt, einem weiten und komplexen Gebiet, über das der Mensch sehr wenig weiß. Das Ziel des Spieles ist das wahre Erwachen, die volle Entwicklung der latenten Kräfte im Menschen. Das Spiel kann nur von Menschen gespielt werden, deren Selbstbeobachtungen und Beobachtungen anderer sie zu einem bestimmten Schluss führen, nämlich, dass des Menschen gewöhnlicher Bewusstseinszustand, sein sogenannter wacher Zustand, nicht das höchste Bewusstseinsniveau ist, dessen er fähig ist. In der Tat ist dieser Zustand so weit vom wirklichen Erwachen entfernt, dass er treffender als eine Form von Schlafwandel, (...) bezeichnet werden könnte. ... Robert de Ropp; Das Meisterspiel
(Siehe auch Teil 1 der Trilogie, Kapitel 2)

Ich denke, es ist nicht nur heute so, dass zwei sehr unterschiedliche Arten das menschliche Dasein zu deuten und dem entsprechend

113

zu leben, zu erkennen sind. Die eine, ausgerichtet auf Konsum, dem Anhäufen materieller Werte und Erlebnissensationen und eine andere, die auf eine innere Entwicklung und Persönlichkeitsbildung hin zu dem, was man mit „Erleuchtung" beschreibt. Wir begegnen hier wieder diesem „Innen" und „Außen".

Und eines ist klar, Schamanen waren seit jeher diejenigen, die das Innen als das wirklich Wichtige erkannt haben. Und das war es auch, was es ermöglichte, dass sie so eine dominierende Stellung innerhalb ihrer Stammeskulturen erlangen konnten – denn letztlich erkennt oder zumindest erahnt es doch jeder, dass es in erster Linie auf das Innen ankommt und das Außen oft bloß ein Loch-Stopfen und blasser Ersatz für das Fehlen einer Innenentwicklung darstellt.

Und so ist der Nagual-Schamane – einerseits, so wie jeder Schamane seit jeher, durch sein Verständnis, sein Wissen und sein Nahverhältnis zu Pflanzen, Tieren und Ahnengeistern der Mittler zwischen Mensch und Natur und – andererseits, durch sein unermüdliches Erforschen anderer Wirklichkeiten und sein mutiges Sich-Einlassen auf das Unbekannte auch der Mittler zwischen Mensch und den höheren Dimensionen des Seins.

8.
Weitere Erfahrungen mit dem Ge-Be-T

am 15. Lebenstanz – 2007
ARENAS OF EXPERIENCE

An den Lebenstänzen der folgenden Jahre benutzten wir immer wieder die Form des *Ge-Be-T*'s, um die Abläufe des Tanzes zu beobachten und uns nötig scheinende choreographische Veränderungen in den Tanz einzubringen..

8.1 Die Pfeifen – (auch eine Klarstellung)

Der zeremonielle Gebrauch der „indianischen" Pfeifen ist ein oft diskutiertes Thema und es gibt darüber recht unterschiedliche Ansichten. Manche sind der Meinung, dass das Verwenden zeremonieller Alchemie indianischen Ursprungs ein Ausbeuten dieser Kultur bedeutet. Dass der „weiße Mann" den indigenen Völkern über die Maßen Unrecht zugefügt hat, darüber lässt sich wohl nicht diskutieren. Ähnliches Unheil hat er auch allen anderen Rassen und Völkern dieser Erde angetan. Diskutieren lässt sich aber darüber, ob das Etwas-für-Gut-Empfinden, das Von-etwas-Inspiriert-Sein und es deshalb Auch-Anwenden als Ausbeutung angesehen werden kann oder doch eher als wertschätzende Anerkennung und anerkennende Wertschätzung. Kein Buddhist, Chinese, Japaner oder Inder würde es als Ausbeutung empfinden, wenn ein Europäer oder Amerikaner meditiert oder Yoga-Übungen in seinen Alltag einbezieht, kein Christ wäre empört, wenn ein Afrikaner oder Indianer auf christliche Weise betet oder die Sakramente empfängt.

Dieses „indianische" Phänomen des Sich-bestohlen-Fühlens, ist ja auf sehr vielen Gebieten auch wirklich nachvollziehbar und aus der Geschichte der indigenen Völker verständlich – letztlich hat man ihnen den ganzen amerikanischen Kontinent „gestohlen" und sie fast ausgerottet. Nur was „spirituelle Werte" betrifft, ist es meines Erachtens Unsinn. Es gibt meiner Meinung nach kein „spirituelles Eigentum", das entwendet werden könnte und man müsste sich im Gegenteil darüber freuen und geehrt fühlen, wenn auch andere die eigene Art und Weise, sich mit Spirit zu verbinden als Anregung für das Verstärken ihrer jeweiligen Verbindung annehmen.

Im Nagual-Schamanismus wird die Pfeife, von dem, der das will, als alchemisches Werkzeug benutzt, als eine Sende- und Empfangsstation zwischen uns, unserem multidimensionalen Selbst, den höheren Kräften des Universums und dem Großen Geheimnis. Wird die Pfeife mit offenem Herzen gehalten, wird sie zum Verbindungsglied zwischen unserer Absicht und der Absicht des Größeren.

Vielleicht ist es gut zu erwähnen, dass bei Pfeifenzeremonien nur gewöhnlicher, möglichst naturbelassener Tabak verwendet wird, also keine halluzinogenen Pflanzen.

Auf die Vielfältigkeit der bei einer Pfeifenzeremonie wirksam werdenden alchemischen Vorgänge hier genau einzugehen, würde zu viel Platz einnehmen. Jedenfalls hat es nichts mit Religion – und schon gar nichts mit Indianerspielen zu tun, sondern ist bloß Alchemie und Wissen, das funktioniert und wirkt. In der Alchemie des Nagual-Schamanismus angewandt, erleichtert die Pfeife dem achtsamen Zeremonialisten den einfachen, klaren Zugang zu multidimensionalem Bewusstsein, Spiritualität und Schöpferkraft.

Dies führt allfällige „ethno-zentrisch" begründete oder sonst wie geartete „Allein-Benutzer-Ansprüche", von wem auch immer, ad absurdum.

Ich bedauere zutiefst, was den indianischen Völkern angetan wurde und ich ehre sie, unter anderem auch, indem ich von ihrer Art des Zugangs zu „Great-Spirit" lerne und zum Wohle der gesamten Menschheit meinen eigenen Zugang so noch verbessere und bestärke.

...

In den Zusammentreffen der Ältesten und dem Austauschen über die Vorgänge in unseren verschiedenen Ausbildungsgruppen, war eines der immer wieder auftauchenden Themen das Verwenden der Pfeife und der „Pfeifenweg" für die Lernenden.

8.1.1 Das Verwenden der Pfeife – allgemein

15. Lebenstanz, 2007 – wir gehen in die Träumerhütte <u>mit der Absicht</u>:

Klarheit und Erkenntnisse über den „Pfeifenweg" (das Verwenden der Pfeife, wie wir das tun) zu erlangen.

Ich fliege hoch über Landschaften und Wälder – ich bin wohl ein Adler. Mein Blick ist horizontal ganz ganz weit ausgedehnt über das gesamte Panorama und doch ist mein Gefühl, dass das alles in meinem Kopf stattfindet. Im Eigentlichen ist alles, nicht nur das sich in meinem Blickfeld befindliche, sondern „Alles" bis weit hinaus über den Horizont und noch weiter ins All hinaus – in mir. Ich bin so weit, wie meine Aufmerksamkeit und mein Gewahrsein sind.

Eigentlich ist mein „Blickfeld" vielmehr ein „Blickraum", ein nach allen Seiten hin kugelförmig den Raum einnehmendes Gewahrsein.

Es ertönt immer wieder ein lang gezogener, unglaublich klarer, weiter, schöner Adlerschrei, der von hinten in meinem Kopf beginnt und gerichtet nach vorne klingt – und mich dabei ganz weit nach vor ausdehnt – und dann in dieses „sphärenhafte allgegenwärtige (Gewahr-)Sein übergeht – in mir? – mein Kopf ist weit genug dafür.

Mein Hören verändert sich – es ist, als hätte ich riesige tellerförmige Schallempfänger links und rechts, und ich kann das Gehörte „sehen". Ich höre viel-dimensional. Ich höre und sehe den Raum, den Menschen und Gegenstände einnehmen.

Der Adlerschrei lässt sich in einen Lichtstrahl umwandeln – und ich sehe mein Hören und ich höre mein Sehen. Mit dem Vertauschen von Hören und Sehen haben sich auch Zeit und Raum „vertauscht" – oder sind vielleicht auch Eines geworden.

Mir kommt vor, ich könnte im Adlerschrei/Lichtstrahl auch in die Zukunft hören/sehen – denn Vergangenheit, Zukunft und Jetzt sind zu einem intensiven „momentanen", im Augenton und Ohrenblick verschmolzenen Gegenwärtigem geworden.

Die Absicht der Hütte wird noch einmal gesprochen. Der Adlerschrei/Lichtstrahl wird zum Blitz – und der Donner zeigt und wählt aus – wo der Blitz einschlägt. Donner und Blitz verbrennen und erzeugen Leben – machen die Erde fruchtbar – gebären und vernichten und gebären ganze Welten.

Durch die Fähigkeit und Kraft der Ausrichtung, Fokussierung und Beabsichtigung bin ich Schöpfer.

Erkenntnis:

Durch das zeremoniell/alchemische Zusammenstecken und Verwenden der Pfeife kann man in eine höhere Bewusstseinsschwingung kommen. In gewisser Weise ist das Zusammenstecken und Aktivieren der Pfeife ein symbolisches „Zusammenstecken" und Kreieren des Doppels. Ist man vorher schon in dieser Energie (des Doppels), so kommt man dementsprechend noch höher. Hat man quasi seine „Innere Pfeife" zusammen, – (das Zentrums-Schild und den Spiegeltänzer, das Doppel, siehe Theorie-Teil, Kapitel 1.3.6) – und kreiert (oder entsteht sie dadurch?) die Vertauschung/Verschmelzung von Sehen und Hören – von Zeit und Raum – von Innen und Außen – so ist man in einer höheren Dimension und kann von der heraus potentiell zum Schöpfer von Wirklichkeiten werden. (Es hat auch mit der Synchronisierung von 8+12=20 und 7+13=20 zu tun – siehe Teil 3; Kapitel 1.1 und 10.5).

Mein Erinnerungs-Anker und mein Weg dorthin:

Innere Pfeife – Körpergefühl – der weite Blick und die „weite Präsenz" bis weit über den Horizont hinaus – und der Adler-schrei/Lichtstrahl. Das kugelförmig ausstrahlende Gewahrsein und das Verschmelzen von Farben und Klängen zu einer „Erfahrung". (Gut anwendbar bei jeder Pfeifenzeremonie in dem Moment der Segnung mit dem Adlerflaum).

8.1.2 Die Pfeifen am Altar

Bei einem Treffen mit dem Leitungsteam erfahren wir, dass viele Menschen des Lebenstanzkollektivs es gerne hätten, wenn wir Ältesten mehr in Erscheinung treten würden. Wenn wir, und damit auch das, was wir tun, sichtbarer sein könnte. Im Kreis der Ältesten beraten wir darüber, ob wir das wollen, in welcher Form wir das wollen würden, und über die verschiedenen Möglichkeiten, wie wir dies tun könnten.

Ich schlage vor, dass wir dafür am ehesten die Morgenpfeifen während des Tanzes benutzen könnten. An jedem Morgen des Tanzes, also nach der ersten, der zweiten und der dritten getanzten Nacht, wurde bisher an einer der drei großen kollektiven Pfeifen am Altar von jemandem ein Gebet gesprochen. Bisher war das meist jemand aus dem Leitungsteam oder jemand, der gerade einen höheren Pfeifengrad erlangt hatte und durch das Rauchen der Morgenpfeife geehrt wurde. Zur Verfügung stehen drei Pfeifen – die „11er"-Pfeife zum Finden/Erspüren einer Vision, eines neuen, größeren Lichtes – die „12er"-Pfeife zum Sichtbarmachen vorhandenen Potentials, für die Umsetzung einer Vision – und die „15er"-Pfeife, eine Art Familienpfeife für das Kollektiv und das Seelenfeld der Menschen. (Über diese Zahlenzuordnung und ihre Bedeutung siehe Teil 3)

Wir besprechen neue Formen, wie wir die Morgenpfeifen benutzen können und einigen uns recht bald auf folgendes:

Wir werden über die drei Pfeifen ein Bild, eine Einsicht und ein Gebet sprechen, die den Tanz und die Tänzer bestmöglich auf den jeweiligen folgenden Tag einstimmen.

8.1.3 Die Morgenpfeifen

15. Tanz, 2007 – die Hütte vor dem Einzug – **Loons Herzanfall** – die Absicht:

Wir wollen das Bild, die Einsicht und das Gebet finden, womit wir mit den ersten Morgenpfeifen den Lebenstanz auf größtmögliche Art unterstützen können.

Loon leitet die Hütte – es ist mittags und heiß und sie macht eine sehr heiße Hütte, obwohl wir sie mehrfach darauf hinweisen. Über die Erfahrungen in der Hütte schreibe ich jetzt nichts, da sie später bei den Morgengebetssprüchen herauszulesen sind.

Ungefähr eine Stunde nach der Hütte bricht Loon zusammen. – Für ihr Herz war es zu viel gewesen. Seit vielen Jahren wird sie schon davor gewarnt, dass so etwas geschehen könnte, vielleicht auch deshalb, weil sie mit Beharrlichkeit und nicht zu knapp, ihre geliebten Beedies (gerollte getrocknete Tabakblätter) raucht. Es dauert eine geraume Weile, bis ein Rettungsauto in unser doch sehr entlegenes Tal kommt, doch dann liegt Loon im Auto an Geräten angeschlossen. Wir sind die ganze Zeit bei ihr. Ich erfahre, „sehe" ihren Energie-Bewusstseinskörper in beinahe gewohnter Stärke, nur um das 4. und das 5. Chakra bilden sich dunkle Verdichtungen, auch das 3. Chakra wirkt dunkler und „stumpf" – doch das 6. und das 7. Chakra sind klar und glänzend – und das erfüllt mich doch einigermaßen mit Zuversicht. Robert drückt ihre Nierenpunkte, die er als völlig leer wahrnimmt. Er weicht nicht von ihrer Seite. Loon ist soweit lebendig, dass sie wahrnimmt, was um sie vorgeht und ganz schwach antworten kann. Robert nimmt ihr dreimal das Versprechen ab, wiederzukommen.

Was für ein Tanzbeginn. Alle haben sich vor dem Osttor in Fest-
kleidung zum Einzug eingetroffen und werden jetzt Zeuge, wie Loon
mit dem Hubschrauber abgeholt wird und einer ungewissen Zukunft
entgegenfliegt. – Beginn des Tanzes.

Das Finden dieser drei Morgenpfeifen mit jeweils einem Bild, einer Einsicht und einem Gebet war an diesem Tanz eine ausgesprochen anspruchsvolle Aufgabe. Jeden Nachmittag in die Schwitzhütte
gehen, um die drei Sequenzen für den nächsten Morgen zu erträumen, das Ergebnis zusammentragen, das Dichten und Schreiben der
Form, in der es über die drei Pfeifen gesprochen werden kann und
schließlich das Auswendig-Lernen des Textes, denn klar war, dass
man diese Sprüche nicht vorlesen kann.

Der erste Morgen:

DAS BILD:
Das Fallen durch den Spalt zwischen den Welten
öffnet einen endlos scheinenden Raum.
Der Raum dehnt sich aus –
gleichzeitig verdichtet sich in seiner Mitte ein Kern.
Endlose Weite. Dichter Kern.
Der größer werdende Raum berührt andere Räume
und erkennt dadurch seine Größe.
Durch den Zusammenschluss der Räume bildet sich
ein vorher nicht da gewesener neuer, leerer Raum –
bereit für die Beabsichtigung.
Der gemeinsame Wellen-Atem-Puls erschafft neue Welten –
Und im Weltengewitter der Schöpfung
hörst du den Blitz und siehst den Donner.

DIE EINSICHT:
Der Tänzer wird sich im Tanz bewusst,
dass er viel mehr ist, als er glaubt und denkt.

Je mehr er sich seiner umfassenden Größe gewahr wird,
um so deutlicher, klarer und dichter wird seine Essenz.
Sein Tanz zum Baum und zurück
kommt in Einklang mit dem Tanz der anderen.
Der Puls der Trommel und der Atem des Tanzes
und der Puls und Atem des Größeren sind Eines.
Der Adler erscheint und kreist um den Baum –
und der Tänzer hört ihn kreisen und sieht seinen Schrei.

DAS GEBET:
Großer Geist – lass uns mit deinen Augen hören und mit deinen Ohren sehen, damit wir im Zentrum unseres Seins die Weite deiner
Schöpfung erkennen können und den Flug des Adlers hören und seinen Schrei sehen.

Der zweite Morgen:

DAS BILD:
Der Baum steht mächtig vor der Tänzerin –
Stamm, Äste, Zweige, Blätter
Oben – tanzend, frei beweglich
Unten – fest, bestimmt, verwurzelt.
Da schließt die Tänzerin ihre Augen
und sie sieht das ganze Bild.
Der Stamm führt weiter in die Erde –
Wurzeläste, Wurzelzweige –
und es offenbart sich ihr der ganze Wurzelbaum.
Die Tänzerin tanzt weiter – vertauscht sind ihre Welten.
Vertraut ist ihr die Wurzel – nur selten ihre Krone.
Sie glaubt, sie müsse sich entscheiden –
so bleibt das Ganze fremd.
Im Geäst des Wurzelbaums verborgen wartet das Juwel.

DIE EINSICHT:
Das Wesen Lebenstanz ist keine Kuppel –
es ist eine Sphäre, eine Kugel.
Die obere Hälfte sichtbar, die untere verborgen für das Auge.
Die Tänzerin tanzt ihre Linie an der Schnittstelle
zwischen dem Oben und dem Unten.
Sie sagt: „Wie oben – so unten"
und fügt zusammen, was seit je zusammen ist.
Sie sagt: „Wie unten – so oben"
und fügt zusammen, was nur sie getrennt erlebt.
Erfährt die Tänzerin das Eine in dem Vielen
und erkennt und lebt die Tänzerin den Reichtum in dem Einen,
so hat sie das Juwel geborgen.

DAS GEBET:
Großer Geist, lass uns die Wahl unserer Einzigartigkeit bejahen – im leuchtendem Bewusstsein, dass die Vielfalt des Alles in jedem von uns enthalten ist und sich in einem kostbaren Ausdruck der Schönheit verdichtet, entfaltet und zeigt.

Der dritte Morgen:

DAS BILD:
Erdspaltennetz – der ganze Platz – Traumfänger-haft.
Der Puls der Trommel – der Schritt der Tänzer –
das Zirpen vieler Pfeifen.
Die Luft vibriert – die Erde bebt
durchs Aug' der Grille – gefühlt mit ihren Fühlern.
Aus dem All – ein Blitzstrahl trifft die Erde,
durchdringt die dünne Haut
und bringt den weichen Kern zum Schwingen.
Helles Licht geschluckt vom Schwarzen Loch

wird Schwarzes Licht
und bringt den neuen Puls ins Feld der Seelen.
Aus Potential ist Möglichkeit geboren.

DIE EINSICHT:

Der Lebenstanz, ein Traum aus vielen kleinen Träumen,
ruht eingebettet im großen Traum der Menschen.
Die Tänzer, die den Baum berühren,
erzeugen ein Strahlenmeer aus Licht –
ein Stern – pulsierend, atmend.
So wird der Baum ein Schwarzes Loch –
erzeugend und gebärend.
Wellenförmig Schwarzes Licht strömt aus –
zum Traum der Tänzer
und weiter zu den Träumen aller Menschen.
Im Seelenfeld ist eine neue Möglichkeit geboren.

DAS GEBET:

Großer Geist, lass uns so ein Traum in deinem Traume sein,
der die Träume aller Menschen zum Leuchten bringt, sodass sie wie
Sterne funkeln. Und lass uns dieses Funkeln in den Augen unserer
Lieben wieder finden.

...

Die erträumten „Sprüche" für die Morgenpfeifen erwiesen sich
als ausgesprochen passend und nachhaltig. Ursprünglich dachte ich
ja, sie würden vielleicht noch bei zwei bis drei weiteren Tänzen verwendet werden – und dann müsste man wieder was anderes finden.
Doch es kam ganz anders. Es stellte sich heraus, dass es – ganz im
Gegenteil – ein paar Jahre dauerte, bis „die Morgenpfeifen" im Kollektiv wirklich angekommen sind – und selbst nach dem 20. Tanz
kam der Gedanke, sie ändern oder weglassen zu müssen, erst gar
nicht auf.

8.2   Die Steinwesen

Noch immer der 15. Lebenstanz, 2007. – Vor der letzten Schwitzhütte am Auszugstag, Freitagmittag, wollen wir ein Werkzeug finden, das die Menschen des Lebenstanzkollektivs dabei unterstützen kann, die hohe Energie eines Tanzes mit nach Hause zu nehmen und möglichst lange aufrechterhalten zu können. Die Erfahrung vieler Tänze hat gezeigt, dass das vielen nicht so gut gelingt, und wir wurden immer wieder nach einer Methode gefragt, das zu tun.

8.2.1   Die Reise in die Steinstruktur
Die Absicht:
Wie können wir bestmöglich morgen beim Morgenmeeting die Menschen des Lebenstanzkollektivs darin unterstützen, die hohe Energie des Tanzes auf die schönste Weise in den Alltag mitzunehmen, zu behalten und zu integrieren.

In dieser Hütte erleben wir alle sehr genau wie im Inneren eines Steinwesens Information empfangen, verarbeitet und gespeichert wird. In der folgenden Transkription einer Trancereise wird diese Erfahrung hoffentlich ein wenig nachvollziehbar.

Trancereise Samstag, am Morgenmeeting:
Das gesamte Lebenstanzkollektiv, ausgenommen der Menschen in der Küche und im Kindercamp, also – die Tänzer, die Trommler und Sänger und die Helfer versammeln sich vor dem Osttor. Wir, die Ältesten stehen im Osttor, Blick gegen Osten in die aufgehende Sonne.
Die Stimmung ist für mich einzigartig und unvergesslich. Dieser Morgen nach dem Tanz, alle in ungewohnt hoher Energieschwingung und guter Laune, das gleißende Licht, die Stille des Morgens.

Wir haben uns entschlossen dem Lebenstanzkollektiv unsere letzte Erfahrung mit dem Steinwesen in Form einer Trancereise wenigstens ansatzweise nachvollziehbar erleben zu lassen. Im Anschluss werden wir die Möglichkeit vorschlagen, dass jeder sich vom Sandbild des Tanzes, das ja in gewisser Weise die höhere Möglichkeit des Tanzes verkörpert, einen Teil mitnimmt, um sich bei Bedarf mittels einer einfachen Zeremonie wieder mit der Energie des Tanzes verbinden zu können.

Das Kollektiv durch die Trancereise zu führen, ist für mich eine wunderschöne Erfahrung. Ich muss immer wieder meine Augen bedecken, da ich genau in das gleißende Sonnenlicht schaue und so fällt es mir gar nicht so leicht, das gesamte Kollektiv (über 200 Menschen) während meiner Tranceführung im Auge zu behalten.

Das Folgende ist natürlich nur ein Versuch, die Reise nachher aufzuschreiben, im Einzelnen ist sie vielleicht aus der Energie des Augenblickes auch etwas anders geschehen.

...

Schließ die Augen und stelle dir vor, du bist gerade dabei, in eine Schlucht abzusteigen – und es spielt keine Rolle, ob du auf einem Pferd reitest oder gehst oder vielleicht auf eine andere Art in diese Schlucht hinunterkommst.

Wichtig ist, dass du in einer kleinen Weile vor einer Art Felswand ankommst – und wie du so die Felswand anschaust, wird deine Aufmerksamkeit von einer Stelle des Felsens angezogen, die dunkler ist als der Rest, fast schon schwarz und wie du diese Stelle genauer betrachtest, bemerkst du, dass es ein Spalt im Felsen ist. Und ich weiß nicht, ob dein Felsspalt horizontal oder vertikal oder schräg verläuft, aber das ist nicht so wichtig.

Du weißt auf irgendeine Weise, dass der Spalt in den Felsen hineinführt, bemerkst aber zugleich, dass er gerade etwas zu schmal ist, um als Mensch da reinzupassen. Etwas zieht dich aber magisch an und du weißt, deine Reise geht da rein weiter. Mit deiner menschlichen 3-dimensionalen Form kommst du da aber nicht weiter.

Ich weiß nicht, was du in so einer Situation machen würdest, aber hier – jetzt – kannst du dir vielleicht einmal vorstellen, wie es wäre, eine Art ätherischen Körper loszuschicken. Um so etwas zu tun, gibt es viele verschiedene Möglichkeiten – und hier für unsere Reise schlage ich dir eine ganz einfache vor, die den meisten Menschen ganz gut gelingt.

Wie wäre es, wenn du aus dir raus einen Schritt nach hinten tust, sodass du dich vor dir stehen siehst, von hinten mit dem Rücken zu dir. Du könntest dir deinen Körper als physische Hülle vorstellen und einfach einen Schritt zurück aus dieser Hülle raus machen – und du siehst sie vor dir stehen. –
Ist dir das gelungen, so gehe jetzt zu dieser Felsspalte – und jetzt als feinstofflicher Körper kannst du dich einfach in sie reinzwängen und neugierig sein, was da drinnen auf dich wartet.

Ich weiß nicht, ob du es schon bemerkt hast, aber in dem Felsen drinnen ist alles völlig anders, als du es vielleicht erwartet hättest.
Du bist in einer Art großem Raum – es fühlt sich am ehesten so an, wie dickflüssige Luft, aber nicht wirklich materiell. Wenn du wo hinsiehst und dort hinwillst, bist du auch schon dort. Du weißt, du bist in dem Stein und da drin ist alles überraschender Weise gar nicht so fest und materiell, sondern viel Raum, unterbrochen nur von einer Art Fadengeflecht – und plötzlich bemerkst du, dass es da immer wieder einen seltsam dröhnenden Ton gibt, den du aber eigentlich nicht hörst, es ist wie ein ganz gedämpfter, geschluckter Ton – du nimmst ihn eher als Erschütterung wahr, die sich auch auf das feine Fadengeflecht auswirkt und es zum Schwingen und Vibrieren bringt. Ich könnte mir vorstellen, dass du diesem tonlosen Erschütterungs-Ton interessiert lauscht und dir anschaust, wie er sich in dem Fadensystem fortsetzt. –

Und ich weiß nicht, ob du es schon bemerkt hast, alles um dich hat sich verlangsamt. Es ist ruhig geworden – eine angenehme stehende Stille, bis auf diesen dröhnenden, geschluckten tonlosen Ton ab und zu. – Und alles wird noch langsamer und langsamer. –

Irgendwie weißt du nicht, wie weiter –
und da erscheint vor dir ein Auge, das aus einer dieser Energie- und Fadenverdichtungen herausschaut. Du weißt, dass das der Geist des Steines ist und er scheint dich einzuladen – du schaust in dieses Auge hinein mit de-fokussiertem Blick und deine ganze Aufmerksamkeit ist bei dem Auge und wenn es dir gelungen ist, ganz bei der Energie zwischen deinen Augen und dem Auge des Steinwesens zu sein, und du es zulässt von diesem Auge gleichzeitig „gesehen" zu werden und angezogen zu sein, dann könnte es sein, dass du im Nacken oder im unteren Hinterkopf eine Art Energieschlag spürst, – eine Energieentladung, wie ein leichter Klaps – und wenn du das wahrnimmst, dann hast du die Seiten gewechselt und schaust aus dem Auge des Steinwesens raus.

Jetzt siehst du, dass diese feinen Energiefäden glänzen und leuchten – es sind noch viele mehr, als du vorher gesehen hast. Und immer wenn der geschluckte Tonimpuls diese Erschütterung bringt, überträgt die sich auf das Lichtfadengeflecht und bildet Energieverdichtungen an unterschiedlichen Stellen. So wird Information gespeichert. Aber wie wird sie aufgenommen? Kaum hast du dir diese Frage gestellt, erfährst du, wie du – wie mit vielen Fingerspitzen an der Innenseite der Steinhaut Impulse und Informationen aufnimmst und nach innen abgibst an die Fadenstruktur des Steines. Dort bringt der Impuls einen oder einige der Fäden zum Leuchten, Glänzen, Vibrieren und einige verbinden sich. Manchmal entsteht durch die Verbindung so etwas wie eine schimmernd glänzende kristallartige Wand, die sich auch drehen kann und etwas fester und beständiger erscheint als die Fadenstruktur.

Erlaube dir eine Zeitlang dieses Glitzern und Glänzen der Struktur der Fäden zu genießen – das Entstehen und Auflösen dieser Kristallwand-artigen Fadenverbindungen zu bestaunen – genieße es, dieses Steinwesen zu sein inmitten dieser dichten Energie-Licht-Faden-Struktur und nimm diese tonlos dröhnende Erschütterung wahr und erfreue dich an der Bewegung und Umstrukturierung der Licht-Kristall-Wände.

Und wenn du all das genug genossen hast, ist es vielleicht bald Zeit, dich aus diesem Steinwesen wieder hinauszuwollen, dich, wenn du das willst, bei dem Wesen zu bedanken – und du kannst mit deiner Aufmerksamkeit wieder raus aus dem Felsspalt gleiten und vielleicht siehst du dich selbst da von hinten bei dem Felsen stehen ganz so, wie du dich verlassen hast. Und du kannst dich jetzt hinter dich stellen und mit einem Schritt nach vorne in dich hineinsteigen, dir deine physische Hülle wieder wie einen Mantel anziehen.

Du kannst dir, wenn du das willst, vorstellen, diese Schlucht wieder zu verlassen und mit deiner Aufmerksamkeit wieder hierher in diese Realität zurückkommen.

•••

Im Anschluss an diese Trancereise erklären Barbara und Robert, wie man mit dem mitgenommenen Sand mittels einer kleinen Zeremonie, sich wieder mit der Energie dieses Tanzes verbinden kann und sie so wieder in seinem Alltag zur Verfügung hat.

Nach diesem Tanz ereilt uns die frohe Nachricht, dass sich Loon auf dem Wege der Besserung befindet, nachdem ihr 3 bis 4 Stents gesetzt wurden. R. wartete auf ihre Entlassung, die Loon auf eigene Gefahr, gegen den Willen der Ärzte durchsetzte, und sie fuhren gemütlich über die französischen Alpen nach Hause.

9.

DIE SPIRALE

Vor der Trennung von Tehaeste – 1998 – hatte ich an die 25 persönliche Lehrlinge in ganz Europa verstreut und leitete aufeinander aufbauende Seminare in Schweden und England. In Österreich und Deutschland leitete ich, meist gemeinsam mit meiner damaligen „Co-Trainerin" B., viele sogenannte Jahresgruppen – vier bis fünf aufeinander aufbauende Jahreszyklen, zu jeweils sieben Wochenenden. Daneben gab es noch jährliche Zeremonial-Camps. Zusätzlich dazu war ich fast jedes Jahr zweimal für mehrere Wochen in Amerika und/oder Mexiko. Es gab kaum ein Wochenende, an dem ich nicht arbeitete.

Es war klar, dass das nach der Trennung anders sein würde. „Beruflich" würde es sicher nicht so weiter gehen und trotz der voraussehbaren wirtschaftlichen Nachteile war diese Entscheidung von mir so und nicht anders zu treffen.

Es war schön zu sehen, dass doch recht viele meiner Lehrlinge und Schüler genug Vertrauen in meine Beurteilungsfähigkeit hatten und in Folge auch bereit waren, mit mir neuen Ufern entgegen zu segeln. Gleichzeitig gab es aber auch sehr viele, die sich weiterhin für Tehaestes Weg entschieden oder dafür, was sie davon wussten und verstanden.

Um vor allem den weit Fortgeschrittenen, die schon fünf bis zehn Jahre dabei waren, die Möglichkeit des Weitermachens zu bieten gründete ich **die Spirale** – erst mal quasi als Auffanglager für Weiterlernen-Wollende.

Und schon bald wurde die Spirale zu einer Art **Zauberer-Werkstätte des Nagual-Schamanismus** für engagierte Fortgeschrittene, die bereit waren, das Unbekannte zu erforschen, sich auf Neues einzulassen, sich selbst ganz einzubringen, das Ego auch mal kreischend beiseite zu lassen, – um daran zu arbeiten, den Horizont der menschlichen Möglichkeiten auszuloten und zu erweitern – um die Fähigkeiten eines Evolutions-Agenten zu entwickeln und zu perfektionieren.

Aufgrund der Kompetenz und Erfahrung der Teilnehmer (2015 waren manche schon 20 und mehr Jahre mit diesem Wissen unterwegs) wurde es mehr und mehr möglich, dass die Leitung der Zeremonien (Schwitzhütten, Heilkreise, ...) von den Teilnehmern übernommen wird – und dadurch ergeben sich viele neue Lernerfahrungen für alle.

9.1 Das Träumen in der Spirale   2006 bis 2011

Nach dem Entdecken des Gemeinsam-Beabsichtigenden-Träumens am 13.Lebenstanz 2005 war es klar, dass ich diese Technik auch mit meinen Spirale-Teilnehmern versuchen würde. Der erste Versuch im Oktober 2006 war eine absolute Katastrophe. Schon beim Finden der Absicht und dem Versuch, diese in Worte zu fassen, kam es zu erheblichen Unstimmigkeiten. Einige fanden es nicht nötig, sich um genaue Formulierungen zu bemühen und wollten endlich loslegen, andere wiederum tüftelten an jedem Beistrich herum, und wenn endlich ein Ergebnis nahe schien, wollten manche plötzlich doch mit einer ganz anderen Absicht träumen. Wahrscheinlich war die Nervosität und Unsicherheit vor diesem ersten Versuch doch recht groß. Das Träumen selbst – in der Schwitzhütte – war dann jedenfalls ein richtiges Fiasko und funktionierte gar nicht. Es wurde völlig klar, dass dieses kollektive Träumer-Feld nicht mit Ego-Spielchen, Unstimmigkeiten oder Recht-behalten-Wollen erreicht, geschweige denn sinnvoll benutzt werden kann. Für mich war es der absolute Tiefpunkt meines Wirkens in der Spirale. Nachdem ich die

Zeremonie abgebrochen hatte, stellte sich mir die Frage, ob die Technik des *Ge-Be-T*s, die ich ja bisher nur in meiner kleinen Nagualgruppe ausübte, doch so anspruchsvoll ist, dass sie nicht einmal von den Teilnehmern der Spirale gemeistert werden konnte. – Ich wollte das nicht glauben und natürlich kam es auch ganz anders – denn schon die nächsten Versuche waren ausgesprochen kraftvolle und ergebnisreiche Gemeinsame-Beabsichtigende-Träume. Und so war dieser unglückliche Einstieg ins Träumen letztlich sehr wertvoll, weil wir alle wirklich und nachhaltig daraus gelernt haben.

In den Spirale-Treffen der folgenden Jahre wurde das *Ge-Be-T* immer mehr zu einem wichtigen Bestandteil unseres Lernens und Trainierens. Immer wieder begaben wir uns in diese Dimensions-Räume mit den unterschiedlichsten Lern- und Erfahrungs-Absichten. Großteils hatten wir unglaublich tiefe und erstaunliche Erlebnisse und Erkenntnisse.

Es folgen jetzt einige Beispiele solcher *Ge-Be-T*e in der Spirale.

9.2 Das „Quallen-Wesen"   März 2007

Absicht:

Wir wollen das nächste höhere evolutionäre Feld des Mensch-Seins erfahren und lernen, was wir dazu beitragen können.

Nach dem gewohnten Einstieg – haben wir alle sehr ähnliche Erfahrungen.

Ich schwebe – in einer dickflüssigen Luft oder luftigen Flüssigkeit – angenehm wogende Bewegungen, ein pulsierendes Quallenartiges Schweben. Ein langsames, tiefes Atmen und geatmet werden, losgelöst von der „Erdschwere".

Es spürt sich an, als wäre mein Kopf nach oben und hinten erweitert und ich bin mir dieses Teiles ganz bewusst – ich bewohne ihn. Um mich herum sind andere dieser Wesen – ich nehme sie als leuchtende, lichte Energie wahr – nicht als Formen.

Das Wahrnehmen ist generell anders, eher energetisch als „dinglich" – obwohl es mir vorkommt, dass ich auch umschalten könnte – ich kann auch Festes wahrnehmen, aber es ist so, als bräuchte es einen besonderen Grund, das zu tun. Auch die Zeitwahrnehmung ist ganz verändert – es gibt „genügend" Zeit. Ich bin in mir ruhend und ganz zufrieden. Ich fühle über den Körper hinaus – Ich bin ein Energiewesen. Wenn ich wem begegne, gibt es eine starke Verbindung, ein Verstehen, ohne zu sprechen. Ich berühre eines dieser anderen Wesen und ich spüre, was der andere spürt in meiner Berührung. Ich bin voll „nüchterner Liebe", offen und verbunden.

Nach der Hütte teilen wir unsere Erfahrungen und fühlen uns wunderbar leicht. Die Aussicht, dass das, was wir erlebt haben eine zukünftige Lebensform des Mensch-Seins ist, erfüllt uns mit Ehrfurcht, (Vor)Freude und Dankbarkeit.

...

Am nächsten Tag bei der Morgenmeditation gelingt es mir wieder ganz in das Erleben dieses „Quallen-Wesens" einzutauchen und diese Erfahrung berührt mich sehr und ich beschließe, mich nachhaltig daran erinnern zu wollen:
- Ich bin eigentlich dieses energetische Quallen-Wesen, das ich auf so vielfache Art erfahren habe.
- Ich spüre, dass meine Fontanelle sich öffnen wird und eine neue Art von Wahrnehmungs-(Sinnes)-Organ sich bilden wird – eine Art Schirm (Satellitenschüssel) für energetisches, feinstoffliches Wahrnehmen.

- Ich begegne anderen mit der Haltung und Einstellung der Achtung und des Respekts, nicht aus moralischen oder sozialen Werten heraus, sondern weil wir als Eines verbunden sind und jede andere Art miteinander umzugehen absurd wäre.
- Ich nehme ganz anders wahr – so von „Qualle zu Qualle".
- Ich bin mir selbst genug – und brauche andere nicht zu missbrauchen, um mein eigenes Ego zu erhöhen.

Und ich beschließe, diese „Erinnerungen", dieses energetische Sein, sooft wie möglich in das Meditieren einfließen zu lassen. Das wäre dann wohl der zweite Teil der Beabsichtigung (*was wir dazu beitragen können*).

Ein paar Jahre später stieß ich beim Lesen eines Buches auf eine Stelle, die zu dem Erleben des eben beschriebenen Ge-Be-Ts gut passt und die ich hier zitiere:
... Wer weiß was passieren würde, wenn alle Menschen sich ihrer Verbindungen untereinander voll bewusst würden und damit eine neue Ebene des Zusammenwirkens erreichen würden? Vielleicht würde dann das Bewusstsein des „Superwesens Menschheit" Dominanz über die vielen kleinen Ichs der einzelnen Menschen erlangen, und wir würden mit vollem Bewusstsein als Gruppenwesen handeln, so dass es keinen Unterschied zwischen individuellem und kollektivem Bewusstsein mehr gäbe – womit wir uns auf eine kaum vorstellbare Entwicklungsstufe und in eine ebenso wenig vorstellbare Realität befördern würden. Es gibt Theorien, die dies als logische Fortsetzung des Evolutionsprozesses betrachten. ...
Jörg Starkmuth; Die Entstehung der Realität (Siehe auch E.Schrödingers' „animal soziale" in Teil 3; Kapitel 20).

Absicht:

Wir wollen wissen und erfahren, was für uns Menschen der Spirale das wichtigste anwendbare (Sternen)wissen ist.

Ich sehe ein Gehirn von oben – wie eine offene Walnuss von oben – darüber ist so etwas wie ein spinnennetzartiges feinstoffliches Gewebe, gespannt. Aber dieses ist offensichtlich in einer anderen Dimension als der offene Schädel, die Nuss. Das Netz besteht aus geometrisch geformten, farbigen Fasern.

Vor mir taucht ein Kristallschädel auf und ich folge ihm durch einen dunklen Raum. Ich bin plötzlich in dem Schädel und da sind wieder diese farbigen geometrischen Fasern – in denen ich mich auflöse – schwerelos – „ich" bin nicht mehr – nur mehr wahrnehmendes Bewusstsein.

Als Dance-Chief wiederhole ich die Absicht. Sofort nimmt mein Körper eine andere Haltung ein. Meine Hände sind nach hinten weggestreckt, Handrücken am Boden, Handflächen nach oben. Mein Kopf streckt sich nach vorne. Ich fühle mich pfeilförmig – ganz gerichtet – meine Hände sind wie Flügel, ich habe ein „Drachen im Flug"-Gefühl. Rhythmisches Atmen stellt sich ein.

Ich berichte davon und wir nehmen alle diese Haltung ein und atmen gemeinsam.

Es ist ein gerichteter Formationsflug. Nur: Wo soll's hingehen?

Es ist klar, dass wir unsere Antwort bekommen haben – nun geht es darum herauszufinden, was wir in diesem „Formationsflug" machen können.

Wir haben in der Folge bei mehreren Gelegenheiten diesen Formationsflug benutzt, um sogenannte „Adlerflug-Heilungen" durchzuführen. Diese Form der „Heilung" wird dann angewandt, wenn der Träumer (Patient) physisch nicht erreichbar ist – zu weit entfernt, Spital, bettlägerig, ...), Siehe auch Teil 1, Kapitel 3.2.1.

Absicht:

*Wir wollen wissen und erfahren, was in der gerade stattfinden-
den Situation der planetaren und globalen Veränderungen, die von
uns hellste und lebenswerteste Entwicklungsmöglichkeit ist.*
(und)
*Wir wollen wissen und erfahren, wie wir diese bestmöglich un-
terstützen können.*

Mein erstes Bild, ein Hohlweg – hell, steinig, bläulich schim-
merndes Licht – oben an der Begrenzung des Hohlweges gibt es
pflanzliche Vegetation, Farne. Ein Tier ist präsent und läuft vor mir
weg, will aber, dass ich ihm folge. Andere teilen ihre Erfahrungen –
manche sind in der Stadt, andere in der Natur, – manche Bilder haben eine Art Eingang – z.B. einen Kanaldeckel, andere ein Auge. Allen gemeinsam ist etwas Langgezogenes und ein bläuliches Licht o-
der Nebel und eine Bewegung, die zieht. Ich schlage vor, dass jeder
vorerst in seinem eigenen Erleben weitergeht und dass wir dann später schauen, ob sich die Erfahrungen mehr angleichen.

Ich gehe auf den stehen gebliebenen Hasen zu und sein Auge lädt
mich ein – es ist bläulich und beim Reingehen wird es feinstofflich
und ich bin in dem bläulichen feinstofflichen Nebel.

Früher oder später finden sich alle Teilnehmer in diesem bläulichen Nebel und wir lösen uns in ihm auf. – Ich sehe Sternfunken –
und schirmförmiges Strahlen – wie ein verblühter Löwenzahn.

Es geschieht eine Auflösung in ganzheitliches Gewahrsein – Geräusche, Klänge sind hörbar.

Für mich wie das Schaben von metallenen Flächen aneinander – wie
ein Boot, das von den Wellen bewegt an der Kaimauer schabt –
wenn beides, Boot und Mauer aus Metall wären.

Manche beschreiben sich als Libelle oder Heuschrecke. Ich nehme mich vorerst nur als Gewahrsein wahr, könnte aber genauso gut so ein Wesen sein.

Und dann beginnt eine neue Erfahrungs-Sequenz.

Mein gesamtes Sein ist erfüllt von einem unbeschreiblichen Vibrieren, ein ungeheuerlich „lautes" Beben aber nicht so sehr „laut" im auditiven Sinn – oder zumindest nicht nur so. „Ich bin" dieser Klang, dieses Vibrieren, diese Erschütterung. Es ist das ganze Erleben. Es füllt alles aus – riesig – laut – umfassend. Und dann – plötzlich – aus – alles aus – absolute Stille. Diese Stille platzt in mein Erleben und reißt ein Loch – und mich und alles mit sich. Auflösung – bis da – nach einer scheinbaren Ewigkeit des Gar-Nichts ein recht leiser Klang zu hören ist, von weit weg – der gleiche vibrierende Klang nur ohne der „physischen" Erschütterung. Dann noch einer – und dann geht das Getöse wieder los. Mein ganzes Erleben ist wieder dieses Erschüttern, Vibrieren und „Schaben" – und jetzt ist es klar – „ich" bin eine Grille oder Zikade. Jetzt spür' ich es auch, dass ich das Vibrieren mache, selbst erzeuge.

Nach einiger Zeit finden wir uns alle als Grillen, die diesen Klang mit ihren Flügeln erzeugen. Wir sind viele – ich habe die Hände hinter dem Rücken gefasst und bekomme dadurch eine Vorwärtsdynamik. Alle machen das und es fühlt sich gut an.

Manche sagen, sie warten auf ein Signal – es könnte losgehen, irgendwohin. Allgemein hat es etwas von einer Formation – in die gleiche Richtung ausgerichtet – irgendwie schabend und parat, bereit am Sprung für etwas. Innerlich ist ein ganz offenes „So Sein" – wir sind ausgedehntes Gewahrsein. Hören, sehen, fühlen, spüren zugleich und alle in einem kollektiven Gewahrsein.

Alle beschreiben es mit ähnlichen Worten.

Ich spreche noch mal die Absicht und hänge die zweite Absicht gleich dran.

Das weite ganzheitliche Gewahrsein bleibt, dazu kommt für mich eine Aufspaltung – ein Teil ist Körper – ich sitze aufrecht, gerade Wirbelsäule und weiß, es geht darum, das spezielle Gewahrsein mitzunehmen und gleichzeitig mein „normales" Leben weiterzuführen – aber mit „aufrechter" Haltung. Jemand beschreibt das Dazugekommene als Röntgenbild des Beckens mit der Wirbelsäule. Mein Gefühl ist, wir sind auf eine Art wie reduziert oder nach vorne geworfen auf das, was wir alle gleich haben und sind. (Röntgenbild-Skelett) – also nicht unterschiedliche Gesichter oder individuelle Eigenheiten – Fokus auf „das Skelett" der Gemeinsamkeit.

Ich spreche die Absicht noch mal als Frage – es kommt nichts Wesentliches dazu.

Interpretation:

Unter anderem geht es wohl um die gemeinsame gerichtete Absicht – das gemeinsame Gewahrsein – die gemeinsame Bereitschaft. Es geht auch darum, das gleichzeitige Sich-Erfahren als Einzelner und als alle, als Ganzes – nicht als Spaltung, sondern als Angekommen-Sein zu erleben.

Ich ziehe daraus den Schluss, dass es wohl auch darum geht, in der Spirale das gemeinsame Wirken zu intensivieren.

10.
Weitere Erfahrungen mit dem Ge-Be-T an den Lebenstänzen 2008 – 2010

10.1 Der Schlangen-Samen-Wurm

16. Lebenstanz – 2008 – die erste Hütte

Absicht:

Was ist der größte leuchtende Traum dieses Lebenstanzwesens, nach dem sich unser Kollektiv strecken kann?

Ein „schlängelndes" Gefühl beginnt am Kopf und Nacken und am ganzen Rücken. Es entsteht ein Sog nach oben – wie eine „fliegende Schlange". Das Schlängeln im Körper wird stärker.

Schlangenartig länglich – vorne oben ein Auge mit zwei Lidern – eines geht hoch und eines geht runter.

Der Fokus nach oben ermöglicht die Reise hinauf und nach Außen. Der Fokus nach unten ermöglicht die Reise hinunter und nach Innen. Oben der Raum – unten der Schlund – schneckenhausartig nach Innen – ganz Innen wieder der Raum.

Der Schlangenwurm schließt die Lider – er sieht den Horizont, den Spalt zwischen den Welten – den Wechselübergang zwischen dem „as above" und dem „so below". Der Schlangenwurm ist im Spalt – er ist der Spalt – durch ihn erst entsteht das Oben und Unten. Ein glückseliges Sein in raumloser Zeit und in zeitlosem Raum am Schnittpunkt zwischen den Welten.

Er geht nach Innen und sieht das Außen. Vor sich ein riesengroßes Auge – ein Lid nach Oben, eines nach Unten.

Der Schlangenwurm schlüpft durch den Spalt der Lider – der Samenwurm dringt ein ins Ei. Da drinnen sind ganz viele andere – ein Schlängeln, schwingende Glückseligkeit. Ein Auflösen wird möglich – ohne sich zu verlieren – es kommt nur auf den Fokus an.

Ein starker Sog nach Innen vieler dieser Samenwürmer erschafft Verdichtung, schwarzes Drehen.

In dem dichter und dichter werdendem schwarzen Drehen strömt eine Flut an Erkenntnissen in mein Gewahrsein – es ist, als wäre ich an ein größeres „Wissen" angeschlossen.

Es gilt bewusst dieses Wesen zwischen oben und unten zu sein. – Den Horizont auflösen, in den Spalt vor sich hineingehen, – und doch individuell zu bleiben – es gibt hier viele solcher Wesen.

Wenn ich dieser „Wurm" werde zwischen dem Oben und Unten und zwischen Innen und Außen – erschaffe ich den neuen Traum. Wenn ein Kollektiv das schafft, dann ist alles möglich – sogar Planeten zu erschaffen.

Weitere Bilder und Antworten des Lebenstanzwesens:

1. „Ich werde sehr groß geträumt und wie alle Wesen bin ich bestrebt mein Potential zu verwirklichen. Darum brauche ich große Träume und große Träumer".

2. Das Bild der Lebenstanzaura – viele Farben, teilweise abgegrenzt, teilweise ineinander übergehend – ein volles Spektrum.

Von dieser Aura angezogen – viele kleine Farbpunkte, die zur passenden Farbe strömen, dann aber auch von benachbarten Farbtönen der Lebenstanzaura „angefärbt" werden..

Erkenntnis:

Zuerst vorwiegend vom Gleichen angezogen, werden die Schlangenwürmer, – wir, – als Teil des Größeren, selbst bunter, farbiger, vielseitig bereichert.

Das Lebenstanzwesen sagt uns, dass es die Vielfalt braucht, um vieles Verschiedenes anzuziehen – es braucht „everybody" (jeden) und „every body" (jeden Körper).

Es sagt, es muss Platz haben für die vielfältigen Zugänge und Ausdrucksformen des Größeren Traumes. Das geht nur mit Toleranz, mit „Sowohl als Auch", mit gegenseitiger Achtung.

Das Einfache hat Berechtigung – aber nur wenn es sich nicht wichtiger nimmt und sich über das Komplexe stellt.

Das Komplexe hat seinen Platz, aber nur, wenn es sich nicht über das Einfache stellt.

Die Grenze der Toleranz ist die Intoleranz.

Es darf keine Toleranz gegenüber Intoleranz geben – sonst entsteht das Entweder-oder. – Und das ist nicht der Traum des Lebenstanzwesens.

Und damit alles seinen Platz und Ausdruck finden kann, braucht es Ordnung und Regeln.

Jeder lebt und „spült über" und ist Beispiel für seinen speziellen Zugang und ehrt den Anderen – und doch oder deshalb muss es einen gemeinsamen Traum geben und der gemeinsame Traum muss auch klar sein und von allen getragen werden, – damit er sich als solcher auch entfalten kann.

10.2 Die Wiege des Lebens –

Urtöne, Krake und Eule – 18. Lebenstanz – 2010

Absicht:
Wir wollen Erkenntnisse und Erfahrungen auf tiefer Ebene erlangen, wie das Kollektiv der Ältesten in ihrer Funktion als Träumer das Lebenstanzkollektiv (an diesem Tanz) bestmöglich unterstützen kann.

Sofort beginnt sich mein Kopf herumzudrehen und ich habe das Gefühl, er dreht sich ganz im Kreis. Ich bemerke, dass ich mit meinen Händen Krallen bilde, die sich an einem Ast anhalten. Ich bin eine Eule.

Da wir im Vorfeld darüber gesprochen haben, tiefere Ebenen der Erfahrung zuzulassen, indem wir uns mehr Zeit gestatten und Körperempfindungen und Gefühlen mehr Raum als den schnellen Bildern geben wollten, hielt ich meine unmittelbare Eulenerfahrung zurück (obwohl es eine ganz intensive körperliche Realität war).

Außerdem hatte ich es mir zur Gewohnheit gemacht, dass wenn ich DC einer Träumerhütte bin, ich niemals als erster meine Erfahrungen einbringe, sondern warte bis alle ihre ersten Impulse gegeben haben.

Nachdem dies geschehen ist, verwandelt sich meine Eulenhaftigkeit durch die geteilten Bilder und Erfahrungen der anderen in eine Art Kegelform, die nach unten gezogen wird. Das Gefühl, das damit einhergeht ist: ich bin ur-uralt.

Jeder In der Hütte hat ähnliche Erfahrungen, nur wird jeder in eine andere Richtung gezogen. Wir folgen jeder seinem Sog und ich lande unter der Erde – es geht nur sehr stockend weiter. Mein Mund ist offen. Das ist für alle so und es entsteht ein heftiger, stärker werdender Druck im Innern des Körpers – und der Drang zu Kotzen.

Wir kotzen uns aus uns selbst durch den Mund heraus – wir stülpen unser Inneres nach außen vor uns hin. Es entsteht ein Gefühl von Leichtigkeit, Erleichterung und ich schwebe nach hinten oben weg.

Mein Körper löst sich auf in mehrere längliche, fleischliche „Blätter" – ein Schwingen und Schweben, wohl als „Seeanemone" im Wasser, im Meer. Es ist unglaublich angenehm, ich höre Töne. Robert beschreibt ein tiefes Brummen, andere hören andere Töne. Wir einigen uns darauf, dreischichtige Klänge wahrzunehmen. Unten ein tiefer Ton, ich beschreibe ihn als den Urklang des Meeres – in der Mitte eine Art Rauschen, wie ein klangvolles langes Ausatmen – und oben variierende Walgesang-artige hohe lang gezogene Töne.

Wir singen diese Klänge – jeder singt abwechselnd jeden. Es fühlt sich wunderbar an, wenn man alle drei gleichzeitig wahrnehmen kann. Wir tun das recht lange – wir könnten das ewig weiter tun. Denn auf eigenartige Weise hat „es" aufgehört Klänge zu sein, die ich singe und die ich höre, – mein ganzes Sein ist diese Klänge, es gibt nicht mehr mich und das was ich singe und das was ich höre – ich bin das alles – das Singen und das Gehörte und ich sind Eines.

Jetzt beim Aufschreiben dieser Erfahrung erinnert es mich sehr an diese unglaublich intensiven, fast schon unheimlichen Oberton-Gesänge von tibetanischen Mönchen, die ursprünglich sicherlich aus der früh-tibetischen, schamanischen Bön-Tradition stammen.

Irgendwann spreche ich die Absicht der Hütte nochmals in den Raum.

Sofort habe ich die Erkenntnis, dass wir an der Wiege des Lebens sind, im Wasser – es geht um die Wiege des Lebenstanzes und wir sind die Verbindung dazu.

Mein Körper will sich ablegen und ich lege mich zurück – doch zu meinem Erstaunen hört die Bewegung des mich Zurücklegens nicht beim Berühren des Schwitzhüttenbodens auf, sondern geht einfach weiter, bis ich Kopf nach unten Beine in der Höhe irgendwie an etwas hängend baumle. Ich beschreibe meine Situation und Position und wir beschließen, dass sich alle ablegen und wir uns mit den Füßen im Zentrum berühren. Sofort hängen wir alle kopfüber. Ich habe das Gefühl, wir könnten uns hochklappen und würden eine Art Krakenform ergeben und könnten als ein Wesen weiter tun. Es gelingt mir in meinem Zustand aber nicht, den anderen diese Möglichkeit so zu kommunizieren, dass sie verständlich wäre, und so belassen wir es bei den bisherigen Erfahrungen und beenden die Hütte.

Ich habe ein sehr starkes „Eigentlich-schade-Gefühl". Und beim Verlassen der Hütte höre ich aus dem nahen Wäldchen den Ruf einer Eule.

Erst Jahre später beim Korrekturlesen dieser Erfahrung erkenne ich weitere Zusammenhänge. Die Eule gilt in der schamanischen Welt als die Bringerin der Träume. Das Kraken-förmige „gemeinsame" Wesen, als das wir weiter machen hätten können, war wohl eine Form des später für uns erfahrbar gewordenen „Gevierts" als das wir gemeinsam träumen können, selbst wenn wir uns physisch nicht am gleichen Ort befinden.

10.3   Das Erfahren des Lebenstanz-Wesens

Nach dem allgemeinen Morgenmeeting, an dem die Arbeitsaufgaben für den heutigen Tag verteilt werden, treffen wir Ältesten uns mit dem Leitungsteam. Es geht unter anderem darum, dass das Team die Leitung abgeben will und die Form, in der ein neues Leitungsteam gefunden werden kann. Dieses Team leitet den Tanz mit diesem Jahr jetzt schon zum siebenten Mal und aus unterschiedlichen Gründen wollen sie innerhalb des nächsten oder übernächsten Jahres an ein neues Team übergeben.

Träumerhütte – So. 1. Aug. 2010 – 16:00 – DC Loon

In der Vorbesprechung haben wir uns daran erinnert, dass eine unserer kräftigsten Träumerhütten, die wir alle noch ganz präsent haben, damit begonnen hatte, dass sich uns in Spirit einige Psilocybin Pilze zum essen offeriert hatten. Wir beschließen die Stein-, Pflanzen- und Tierwelt speziell einzuladen, uns zu unterstützen, falls es unserer Absicht nützlich ist.

Unsere <u>Absicht</u>:

Wir wollen wissen und erfahren, wie unser Kreis der Ältesten die bevorstehende Übergabe der Leitung des Tanzes bestmöglich unterstützen kann.

Sofort stehe ich vor einem Busch mit lanzenförmigen spitzen Blättern und roten Beeren und bekomme die Botschaft, drei davon zu essen. (Im „realen" Leben glaube ich, so einen Busch mit solchen Blättern und Beeren noch nicht, zumindest nicht bewusst, gesehen zu haben). Die anderen bekommen andere auch sehr kräftige Bilder und es ist für alle so, dass mit jeder Erfahrung weitergegangen werden könnte.

Wir beschließen, jeder drei der Beeren des Strauches zu essen. Wir nehmen die, die sich im Übergang von rötlicher zu brauner Färbung – von Reife zu Überreife – befinden.

Es stellt sich sofort eine sehr starke körperliche Intensität ein. Ich bin ganz mein Körper und kann darin überall hin. In jede Zelle, in die ich will, jede Blutbahn. Plötzlich werde ich mir bewusst, dass ich mich ungeheuer ausdehne. Ich werde mir ganz intensiv der Geräusche bewusst, die von draußen zur Schwitzhütte dringen, die Stimmen von Menschen, die am Schwitzhüttenplatz die Vorbereitungen für die abends stattfindenden Hütten des Kollektivs tätigen, – eine Kettensäge oben am Tanzplatz und das entfernte Trommeln und Singen der übenden Trommelgruppen. Das eigenartige Phänomen ist, dass mein Körper sich sofort soweit expandiert, bis er das jeweilige Geräusch in sich mit eingeschlossen hat. Dieses In-Mir-Aufnehmen ist aber kein aurisches – also nicht eine vertraute Aura-Ausdehnung, die Geräusche mit einschließt – sondern eindeutig eine mir bisher nicht bekannt gewesene „körperliche" Ausdehnung. Blasenhaft, Ballonförmig wird mein Körper groß und größer. Die Finger, die Hände schwellen zu riesigen Ballons an, es wirkt irgendwie grotesk, komikhaft. Mein ganzer Körper erstreckt sich über das halbe Tal von La Val Dieu. Die Geräusche, die ich bei anderen Träumerhütten als störend und unangenehm empfunden hätte, fühlten sich – so körperlich in mir aufgenommen – wunderbar an. Ich empfinde sie als willkommene Nahrung und sie machen mich noch größer. Es geht allen in der Hütte so und wir genießen diesen Zustand eine Zeit lang.

Draußen braut sich ein Gewitter zusammen. Starker Donner und beginnender Regen. Das Geräusch des Donners verhält sich ganz anders, als die menschengemachten Geräusche. Es dringt zwar in meinen Körperraum ein, ich habe aber nicht das Gefühl den Donner in mich aufzunehmen, sondern er ist kurz in mir und geht dann, wie durch mich durch wieder raus aus mir.

Ich bemerke, dass meine Hände sich wie beschützend über den ganzen Lebenstanzplatz formen, der wie eine Miniatur erscheint. Andere in der Hütte bestätigen ähnliches. Wir sind erfüllt von einer wunderbaren, alles willkommen-heißenden, alles aufnehmenden, völlig unpersönlichen, liebevollen, gütigen Energie.

Wir erkennen, dass wir das Lebenstanzwesen sind.

Unter meinen schützenden Händen wuseln die Menschen am Tanzplatz emsig wie Ameisen. Alles ist willkommen, alles nährt mich. Ich, das Wesen, betrachte das Geschehen, wohlwollend, liebend. Der Miniaturplatz mit den wuselnden Menschen, ich und das Wesen sind eins.

Fazit:

Wie können wir also jetzt eine Übergabe an ein neues Team unterstützen?

Indem wir uns an die Energie dieses großen Lebenstanzwesens erinnern, daran erinnern, es zu sein. Dem neuen Team großzügig, gütig, beschützend, wohlwollend begegnen. Das Wesen ist genährt und groß geworden von all den Tänzen, die es schon gab. Sein Wesen und sein Charakter sind geprägt von den Absichten und Handlungen, die an den Tänzen bisher stattfanden. All das macht es so wohlwollend, liebevoll und gütig. Die Tänze und die Tänzer, die Trommler und Sänger, die Hüter und das Kindercamp haben dieses Wesen erschaffen. Jetzt existiert es als energetische Realität, eine Entität, die jedes Jahr aufs Neue geweckt, genährt und vergrößert wird.

Eine der Aufgaben, die wir Ältesten haben, ist eine Hüter-Funktion, dass das Wesen weiterhin auf die bisherige positive Art genährt wird. Wir sind uns darüber klar, dass man auf ähnliche Art auch ein energetisches, zerstörerisches Monsterwesen erschaffen könnte. Wir haben dafür zu sorgen, dass so etwas nicht geschehen kann. Es ist uns auch klar, dass wenn wir eventuellen „Abfucks" eines neuen Teams zu energisch, vielleicht sogar zornig und wütend begegnen, Zorn und Wut die Energie ist, die das Wesen aufnimmt und somit wahrscheinlich der größere „Abfuck" das Verbreiten von Zorn und Wut wäre. Wir sind also gefordert, eventuell nötige Eingriffe in Schönheit, Güte und wohlwollend zu tun. Ein erleuchtetes „Wie" wird von uns nötig sein.

Ich bin recht gespannt, wie oft mir das gelingt, und wie oft ich mich daran erinnern kann, bzw. erinnert werden muss.

Wir machen ab, dass als Körperanker und kommunizierbares Zeichen, das Zeigen eines anschwellenden Daumens, als Symbol für das riesige wohlwollende Wesen genügen sollte.

Und – ja – das hat in den Folgejahren des Öfteren sehr gut funktioniert.

Wir sitzen in dem großen Versammlungs-Tipi des Leitungsteams und tragen die Erkenntnisse der Hütte zusammen, als das wirkliche Gewitter losbricht. Sintflutartiger Regen und stetiges Blitzen und Donner. Der „Dorfplatz" verwandelt sich binnen weniger Minuten in eine richtige Schlammgrube. Die Kinder des Kindercamps haben mächtig Spaß, teilweise nackt, teilweise voll bekleidet, eine Schlammschlacht zu inszenieren und den Abhang zum Tanzplatz in eine Schlammrutsche zu verwandeln. Binnen kurzer Zeit sind alle archaisch anmutende  Erdgeborene und ich bin zum ersten Mal richtig froh, dass meine Kinder nicht dabei sind, denn nichts hätte sie davon abhalten können, sich in Schlammmonster zu verwandeln – und mit ihnen dann in einem Zelt zu schlafen, erscheint mir in dieser Situation nicht gerade attraktiv.

Die Stimmung im großen Küchenzelt und im großen Versammlungszelt der Musiker ist fast übertrieben euphorisch. Die Musiker singen afrikanische und Maori-Lieder in wilder Abfolge und alle sind in richtiger Feierstimmung, während Bäche von Wasser um und in die Zelte fließen. Die Hälfte der Menschen begibt sich im strömenden Regen hinunter zum Schwitzhüttenplatz, um die erste Runde der Hütten zu beginnen. Ich bin dankbar für unsere weise Voraussicht, unsere Hütte zeitlich nach vorne verschoben zu haben und sie so im Trockenen gemacht zu haben. Es erstaunt mich und berührt mich tief, wie euphorisch und glücklich die Menschen am Platz sind, angesichts der herunter prasselnden Wassermassen und des allgegenwärtigen Schlammes

11.
Das Beabsichtigen von Wirklichkeiten

18. Lebenstanz 2010 – 3. Träumerhütte

<u>Absicht:</u>
Wir wollen für uns anwendbare Werkzeuge und Methoden wissen und erfahren, wie man als Individuum effektiv beabsichtigte Wirklichkeiten erschaffen kann?

Wir erleben recht unterschiedliche Symbole und Bilder. Z.B.
... ein Spinnennetz, das sich trichterförmig verengt und wieder erweitert ... eine Steinhöhle mit einer runden Öffnung nach oben – draußen ist es hell ... zwei Höhlen, die wie eine Sinuskurve, konvex und konkav nebeneinander liegen – wichtig ist die Schnittstelle.

Mein Gewahrsein ist von „Innen" auf die Fontanelle gerichtet – ein Pulsieren ist zu spüren – „draußen" ist es heller. Meine Augen blicken nach Innen in den Schädel – und mein Gefühl ist: Nicht ich schaue in die Welt, sondern die Welt schaut in mich.

Es geschieht eine Umkehr der Projektion – sie geschieht nicht von Innen hinaus in die Welt, sondern die Welt projiziert in mich. Es wird aus der Welt in mich hineinprojiziert.

<u>Meine Schlussfolgerung:</u> Ich muss also die beabsichtigte Wirklichkeit „draußen" in der Welt entstehen lassen – bzw. falls es sie im Ansatz oder im Kleinen schon gibt, – meine Aufmerksamkeit darauf richten und sie damit unterstützen und verstärken – und dieses „Außen" auf mein „Inneres" wirken lassen.

Meine Erfahrungen in dieser Hütte waren der Anfang einer Reihe von Erkenntnissen, die sich in mir mehr und mehr zu einem klaren neuen Ansatz für das erfolgreiche Beabsichtigen verdichteten.

Es ist der Beginn einer Neuausrichtung.

Die Idee, beim Beabsichtigen vom gewünschten „Ergebnis" auszugehen, – dieses als schon erfüllt in mich aufzunehmen – und das heißt, so zu denken und vor allem so zu fühlen, als wäre es schon geschehen.

Dies erschien mir als das logische Anwenden der Idee der „Involution" – des Erschaffens erwünschter Realitäten aus höherdimensionalen Bewusstseinsfeldern. Schließlich ist das Imaginieren und das „Erträumen" den Dimensionen 6 und 5, das Denken und Fühlen der 4. Dimension zuzuordnen – und dies alles wirkt von dort in die 3. Dimension, der verwirklichten Realität.

Ein neuer Ansatz für das Beabsichtigen und für das Gemeinsame-Beabsichtigende-Träumen war in mir geboren. Die Beabsichtigung muss als feststehendes Ergebnis aus der höheren Dimension in die „Realität" entfaltet werden. *(Näheres im Teil 1; Kapitel 10. Die Kunst des Beabsichtigens).*

Ein zusätzliches Puzzleteilchen offenbarte sich mir bei einem der nächsten *Ge-Be-T*e in der Spirale:

11.1 Die Libellenflügel

Absicht:
Wir erkennen, wissen und erfahren, was die beste Möglichkeit ist, für einen Beabsichtiger auf unserer Bewusstseinsebene, die sicherstellt, dass sich seine Absicht für ihn selbst verwirklicht.

Anfangs werden recht unterschiedliche Erfahrungen geteilt – Einige sind im Wasser, andere in der Luft. Ich beschließe, dass jeder erst mal in seiner eigenen Erfahrungswelt weiterträumt.

Bei mir stellt sich augenblicklich ein Gefühl der Ausdehnung ein. Weite, weiße Windmühlen-Segelartige, schimmernde Rotoren, wie die Sonnensegel eines Satelliten, der um die Erde schwebt. Licht-strahlen treffen auf und werden reflektiert. Das reflektierte Licht ist regenbogen-farbig – alle Farben – und wird hinausreflektiert. – Das Sonnensegel schwebt vor mir – groß und weit. Das Bild bleibt un-verändert.

Plötzlich ist es klar – „ich bin" eine Libelle – es ist ein Libellen-flügel – so wie das Auge, hat auch dieser Flügel die spezielle Quali-tät und Gabe der Reflexion. – Das Bild bleibt statisch und ich weiß – das ist schon die Antwort – jetzt bräuchte es eine konkrete Absicht. Ich spreche:
Wir erfahren, wie es sich anfühlt, dieser magnetisch anziehende Raum zu sein, in dem sich eine Absicht verwirklichen kann.

Das Licht, das vorher von dem Flügel reflektiert wurde, wird jetzt von ihm eingefangen. Es breitet sich in Form von durcheinander fließenden Farben aus und ist bereit zur Kreation.
Meine Körperhaltung ist gerade und aufrecht – sitzender Buddha. Meine innere Haltung ist – vollständig zufrieden, gewahr und über-voll der potentiellen Fülle – ein ineinander fließendes Spiel von Licht und Farben.

Und es ist klar, auch mit dieser Absicht geht es nicht weiter – es muss jetzt noch konkreter sein. – Alle haben individuelle Bilder.

Ich schlage vor, jeder soll für sich alleine mit einer konkreten per-sönlichen Absicht weiterforschen. Ich bin etwas unkonzentriert – es fällt mir schwer fokussiert zu bleiben – doch dort, wo es mir gelingt, in die ineinanderfließenden Mischfarben am Flügel meine Absicht zu fokussieren, zu verdichten, wächst das Ergebnisbild reliefartig aus dem Flügel heraus und ich sehe ganze Szenen der verwirklichten Ab-sicht – und es ist viel mehr als ein „Sehen", es ist ein eigenartiges physisches Dabeisein mit einem, der Erfahrung entsprechendem Ge-fühl.

- Schluss – ich bin sehr zufrieden.

Interpretation:

Im ersten Bild des Libellenflügels werden die Lichtphotonen reflektiert – ungenützt zurückgestrahlt.

Im zweiten Bild wird die Oberfläche des Flügels durch die darauf projizierte Absicht so verändert, dass die Photonen „eingefangen" werden und zur Verwirklichung der Absicht benutzt werden. Es geschieht aus höherer Dimension in die niederere. Und doch muss die Veränderung am „eigenen" Flügel beginnen und entstehen. Auch das „körperliche Gefühl" ist mitbeteiligt. – Ist das die „vierdimensionale Verwirklichung?" (Zu dieser Erfahrung siehe auch Teil 1, Kapitel 10).

Zusätzliche Erkenntnisse nach dem allgemeinen Teilkreis:

Es ist das „Für-etwas-brennen" (das Licht bleibt auf dem Flügel – die Farben brennen mit der Absicht eine Form).

Das „Wesen ist unbelügbar" – unklare sowie zu „selbstbezogene" Absichten werden als unklar und selbstbezogen entlarvt.

Mein Impuls, die anfänglich unterschiedlichen Bilder zu lassen und individuell weiter zu verfolgen – war total richtig. Es stellte sich heraus, dass wir uns in verschiedenen Entwicklungsstadien der Libelle fanden. Manche waren die Larve im Wasser, andere das Flugwesen. Wir haben uns später wieder im Gleichen gefunden.

12.

DAS THEMA HEILUNG IN DER SPIRALE

In der Zeit meiner Nagual-Schamanismus-Ausbildung habe ich eine Form der Heilzeremonie erlernt, mit der wir sehr viel Erfolg hatten. Es waren dies relativ aufwendige große Heilkreise, mit mindestens zwölf, meist wesentlich mehr Beteiligten.

Bei dieser Methode gibt es einen Außenkreis, wobei in jeder der acht Richtungen mindestens eine Person sitzt. Sie hat die Aufgabe die hellste erleuchtete Form dieser Richtung für den Träumer im Zentrum zu vertreten. Ich gebe hier nur ein paar Stichwörter für jede Richtung, um einen Eindruck zu bekommen. (Genauer wird auf die Energien und Qualitäten der verschiedenen Richtungen im Teil 3, Kapitel 7 eingegangen).

Die hellen Qualitäten für den Träumer können sein:

Im Süden: Eine wunderschöne leichte Kind-Energie, ein Vertrauen in sich selbst, die anderen und das Leben und ein freudiges „Wachsen" und „Lernen" wollen. Eine helle und schöne Geschichte (Mythologie) über sich.

Im Südwesten: Ein erfülltes Leben voll mit bereichernden Erfahrungen – ein intensives Teilnehmen und „Dabei-Sein" an möglichst vielen Arenen des Lebens.

Im Westen: ein völlig gesunder, kräftiger, leistungsfähiger Körper. Eine gute klare Beziehung zu dem, sich in diesem Leben nicht inkarnierten, aber in „Spirit" vorhandenen inneren gegengeschlechtlichen Anteil. Auch erfüllte gelebte Beziehungen. Materielle Gestaltungsmöglichkeit und Wohlstand.

Im Nordwesten: Gewohnheiten und Routinen, die glücklich machen und Lernerfahrungen ermöglichen. Ein Leben im Einklang mit den höheren heiligen Gesetzen.

Im Norden: Einen offenen lernfreudigen Verstand, wache Sinne, möglichst viel Flexibilität und Freiheit im Denken.

Im Nordosten: Entschlossene Entscheidungsfreude, klare Prioritäten und eine gesunde, glücklich-machende Wertehierarchie.

Im Osten: Eine erfüllende Vision, Sinn im Leben, Öffnung zum Größeren, Begeisterung am Sein, gesunde, freudvolle Sexualität.

Im Südosten: Ein helles Selbstbild, Selbst-Liebe und Selbst-Achtung, Unabhängigkeit von negativen Familienspiralen, ...

Dieser Kreis bildete sozusagen die möglichst hellste Arena, in der sich der Träumer jetzt heil erfahren kann.

Zusätzlich gab es noch spezielle Funktionen, die für den konkreten Ablauf der Zeremonie verantwortlich waren.

Eine „Energie-Pfeife" mit der Aufgabe den zeremoniellen Ablauf zu gestalten und zu begleiten.

Eine „Seher-Pfeife" – die in Kontakt mit den höherdimensionalen Persönlichkeitsanteilen des Träumers tritt und aus der Energie der „Spirit-Persönlichkeit", des Träumers die Zeremonie begleitet und für Anfragen und Klärungen (des Dance-Chiefs und/oder des Träumers) bereitsteht.

Ein oder besser zwei Trommler und Sänger bzw. Trommler- und Sängerinnen, die auf Anordnung des Dance-Chiefs bestimmte Heillieder zu bestimmten Zeiten während der Heilung singen.

Des Weiteren gibt es einen, besser mehrere „Doktoren", die verschiedene Heilmethoden anwenden. So unter anderem zum Beispiel das Balancieren der Chakren, das Verschieben des Montage-Punktes und die Arbeit mit den diversen Heil-Werkzeugen und -Methoden, wie Fächer, Rasseln, Hochzeitskörbe, Kristalle, Felle, Pasten und Farben, Pulver, Klangstäben und sonstigem.

Ein Dance-Chief leitet und koordiniert das Ganze.

Diese Heilmethode ist ein hochwirksames, wunderbar ausgeklügeltes System, und durch die vielen Jahre der Anwendung und mit wachsender Erfahrung wurde es ein vielseitiges immer wieder sich weiterentwickelndes „Kunstwerk". Die genauen Einzelheiten und Wirksamkeiten des diffizilen Zusammenspiels dieser Methode würde diesen Rahmen bei weitem sprengen und wäre vom Umfang her ein eigenes Buch.

Wir hatten mit dieser Heilkreismethode viele und auch echt verblüffende Heilerfolge erzielt. Doch mehr und mehr erschienen manchen von uns, vor allem den Europäern nach der Trennung, diese Methode nicht mehr ganz „zeit- und paradigmengerecht".

Obwohl es sicher so ist und das auch stets betont wurde, dass der Träumer sich selbst heilt – wurde doch ständig und heftig an ihm „rumgedoktert".

Das Setting – der Träumer nackt liegend im Zentrum – rundherum jede Menge Menschen (zwar auch nackt – aber irgendwie durch die Rollenverteilung doch darüberstehend – kryptische Kommentare von der Seher-Pfeife im NW, – bedeutungsvolle Rauchschwaden von der Energie-Pfeife im NO, – Doktoren, die sich an der Aura des Träumers zu schaffen machen, was reinblasen oder absaugen und mit mehr oder weniger obskuren Werkzeugen rumdoktern, – ein Dance Chief, der lästige Fragen stellt und rät irgendetwas „wegzugeben" oder „neu zu entscheiden".

Alles in Allem konnte man da als Träumer sehr leicht in ein passives Opfergefühl gelangen und zum Schluss, sich als „geheilt geworden" oder eben „nicht geheilt geworden" fühlen. Ich will hier diese Heilkreismethode allerdings auch keineswegs schlecht reden, denn immerhin hatten wir sehr große Heilerfolge damit erzielt. Ich selbst leitete als Dance-Chief mindestens 25 oder 30 solcher Heilkreise und nahm an mindestens nochmals so vielen in anderen Funktionen teil. Am besten schien es immer dann zu funktionieren, wenn die Erkrankung sehr schwer oder gar tödlich war, denn dann war der

Druck auf den Träumer, etwas in seinem Leben – seinem Verhalten und seiner Einstellung – zu verändern, auch dementsprechend groß.

Dadurch, dass der Heilkreis die hellste, gesündeste, höchste Möglichkeit des geheilten Träumers aus und in alle Richtungen und Arenen des Lebens hielt, war es für den Träumer relativ einfach in sein „Heil-Sein" zu steigen – und die Seher-Pfeife konnte mit Fug und Recht öfter als nicht, gegen Ende der Zeremonie die (momentane) erfüllte Heilung des Träumers bestätigen.

Die große Herausforderung für den Träumer, der sein Heil-Sein in dem unterstützenden Kreis erfahren hat, war dann dieses Heil-Sein in seinem „normalen" Leben, – in dem seine Krankheit ja entstanden war, – aufrechtzuerhalten. Umso wichtiger war die „Nachfolgearbeit". Diese wurde vom Dance-Chief, meist zusammen mit den Personen des Heilkreises, erarbeitet und bestand in vorgeschlagenen Handlungen, die gewährleisten sollten, dass möglichst vieles, von dem, was die Krankheit entstehen ließ oder zumindest unterstützt hatte, verändert wird. Die Nachfolgearbeit sollte also das Heil-Sein durch Verhaltens- und Einstellungsänderungen und dem Entstehen einer neuen „heilen" Identität unterstützen und gewährleisten.

Leider führten wir keine brauchbare Statistik, die darüber Aufschluss geben könnte, inwiefern im Heilkreis gelungene Heilungen auch wirklich im Alltag über Jahre hinweg oder sogar für immer „gehalten" haben. Wir wissen von Einzelfällen, wo Heilungen auch wirklich Bestand hatten – aber leider auch von solchen, wo es zu (auch baldigen) Rückfällen kam.

Das Thema „Heilung" war und ist jedenfalls eines, dass uns immer schon fasziniert hat und immer wieder beschäftigt. Es gibt kaum ein Thema, bei dem man so viel lernen kann und bei dem man so intensiv und intim mit den Schwächen und Schwierigkeiten und mit den Stärken und Schönheiten, die mit dem Mensch-Sein einhergehen, in Kontakt kommt.

12.1 Experimente mit dem Thema „Heilung"

Gemäß meiner Erkenntnisse aus den in Kapitel 11. beschriebenen *Ge-Be-T*en beschließe ich, in der Spirale andere Methoden des Heilens auszuprobieren.

Wenn wir davon ausgehen, dass das gewünschte Ergebnis „von Außen nach Innen" projiziert werden soll, also vom Ergebnis her gefühlt, gedacht und empfunden werden soll, dann muss der Träumer selbst sein Heil-Sein imaginieren, und sich mit all seinen Sinnen und Gefühlen in die schon erzielte Heilung einfühlen – etwas was bei der alten Heilkreis-Form ja die Menschen im Kreis für ihn taten, indem sie seine heilste und hellste Möglichkeit energetisch „hielten".

Es war also nötig, mit dem Träumer die „Nachfolgearbeit" in irgendeiner Form schon voraus zu klären. Irgendwie Antworten auf Fragen zu finden wie: „Was werde ich gelernt haben, wenn ich das Problem gelöst habe?" oder „Was wird dann wesentlich anders sein in meinem Leben und meinem Zugang zum Leben?" Es ist ein ähnliches Prinzip wie bei der sogenannten „Wunderfrage" des lösungsorientierten Psychotherapeuten Steve de Shazer: „Stellen Sie sich vor, heute Nacht geschieht ein Wunder, und ihr Problem ist gelöst! Da es aber geschieht, während Sie schlafen, können Sie nicht wissen, dass das Wunder geschehen ist. Woran werden Sie entdecken, dass es geschehen ist? Woran werden andere es bemerken?" (Diese interne und externe Referenz ermöglicht das Aufzeigen der notwendigen Nachfolgearbeit, denn einiges wird wohl „jetzt als Geheilter" anders sein).

Ich berichte in der Spirale von meinen Ideen und alle wollen das sofort ausprobieren. Wir filtern aus den Freiwilligen die drei heraus, bei denen wir nach umfassender Befragung zur Meinung kommen, dass sie mit ihrer „Nachfolgearbeit" zumindest schon begonnen haben oder ein Stück weit unterwegs sind. Bei einer geht es um Gebärmutterprobleme, bei einer zweiten um emotionale Verletzungen und bei der dritten ist es ein hartnäckiger Ausschlag im Hals-, Gesichts-, Schulter- und Brustbereich.

Wir kreieren folgendes Setting:

Die Träumerin sitzt in der Mitte, wir im Kreis herum – die Träumerin imaginiert sich in eine zukünftige Situation, in der sie das Problem nicht mehr hat und fühlt ihr Gesund-Sein. Der Außenkreis geht in die Stille, verbindet sich mit dem Urgrund des Seins und imaginiert die Träumerin als heil. (Was wir später so nicht mehr tun werden). Alle drei berichten von sofortiger Besserung, doch das wirklich Erstaunliche war in dem Fall des Ausschlages zu beobachten. Innerhalb der zehn vielleicht fünfzehn Minuten im Heilkreis wurden wir alle Zeuge, wie der Ausschlag von Minute zu Minute weniger wurde und letztlich, schon wenige Stunden nach der Zeremonie kaum mehr sichtbar war. Am nächsten Morgen war er völlig verschwunden.

In den nächsten Spirale-Treffen arbeiten wir mittels des Gemeinsam-Beabsichtigenden-Träumens und verschiedener praktischer Anwendungen der gewonnenen Erfahrungen an der Verfeinerung der Technik und am Herausfinden, worauf es letztlich wirklich ankommt, was weggelassen werden kann und was es unbedingt braucht.

Ich greife hier ein paar der Erkenntnisse heraus:

- Es ist absolut notwendig, dass die Menschen im Außenkreis ihre Energie „einziehen", ganz bei sich bleiben und keinesfalls irgendwen oder was „heilen" wollen. Ganz im Gegenteil – durch das Einziehen der Aura und das völlige Zurücknehmen, dehnt sich der Raum im Zentrum energetisch aus, und der Träumer ist gefordert, ihn einzunehmen. Das fühlt sich im Zentrum wie ein starker Sog an, der starke Erweiterung, Verfeinerung, Entpanzerung, ermöglicht und es erleichtert, in das Gefühl des Heil-Seins zu kommen.

- Es ist wichtig, dass der Träumer sich der Tatsache bewusst ist, dass er sich dieses Problem kreiert hat und dass es ihm auch möglich ist, sich wieder um-zu-entscheiden. Der Träumer muss offen sein gegenüber der Idee, dass die Entstehung seiner Schwierigkeit nur eine von vielen Möglichkeiten war und ist, und dass auf der letztlich Wirklichkeit schaffenden Quantenebene viele andere Varianten in vielen „Parallelwelten" möglich sind und entschieden werden können.

- Von Bedeutung dabei ist aber, dass es nicht nur einfach eine neue Möglichkeit ist, für die sich der Träumer entscheidet, sondern dass er so voll und ganz in die „alternative Möglichkeit" einsteigt, dass sie eine Überzeugung ist, die dieser Überzeugung entsprechende Gedanken und Gefühle erzeugt. Denn nur mit den entsprechenden Gedanken und vor allem der Gefühle wird es eine viert-dimensionale Neu-Bestimmung, die drei-dimensionale Verwirklichung einfordert.

Im nächsten Kapitel kommt noch eine wichtige Ergänzung dazu.

12.2 Das weiße und das schwarze Licht

Juni 2012

Absicht:

Ausgehend und aufbauend von unserem Stand des Wissens und der Erfahrung unserer angewandten Heilmethoden der letzten 1½ Jahre, *wollen wir wissen und erfahren, welche für uns anwendbare Methoden der Heilung noch effizienter und nachhaltiger sind.*

Es taucht eine weiß-schwarze Spirale auf, die sich von meinem Gesichtsfeld aus nach vorne dreht (gegen den Uhrzeigersinn). Das Weiße und das Schwarze sind voneinander deutlich abgehoben und vermischen sich nicht, drehen sich aber ineinander. Die Spiralen bewegen sich Trichterförmig verengend und mit der Entfernung kleiner werdend weg von „mir" – meinem Gewahrsein – meinem Gesichtsfeld. Wie bei einem Trichter, der nur eine ganz kleine Öffnung hat, kommt vorne bei der kleinen Öffnung gebündeltes weißes Licht raus. Es ist schnell, stark und gleißend weiß.

Ich nehme das ganze von „im Trichter" aus wahr und kann den Trichter und damit auch den Lichtstrahl von dieser Position auch bewegen und richten.

Nach einiger Zeit kann ich die Wahrnehmungsposition verändern und den Lichtstrahl von außen wahrnehmen. Ich sehe zwar, wo er herkommt, aber nicht worauf er gerichtet ist, ich weiß aber, dass er gerichtet ist.

Diese Wahrnehmungsposition ist deutlich in einem anderen Gewahrsein, einer anderen Dimension als im Trichter zu sein. Es ist trotzdem einfach dazwischen zu wechseln.

Ich kann von da (draußen) den Lichtstrahl größer machen – fast so groß wie ich bin und dann in ihn hineingehen. Sofort bemerke ich, dass das weiße Licht nur ein dünner Ring, eine Haut ist – und in der Mitte des weißen Lichts schwarzes Licht oder schwarzes Nichts ist.

Das ganze ist wie ein Schlauch – die Ummantelung ist das weiße Licht, drinnen ist das Schwarze.

Ich kann mich nicht im Weißen aufhalten, aber es geht gut im Schwarzen zu sein. Das Weiße ist ganz klar fokussiert und ausgerichtet, das Schwarze bekommt nur dadurch etwas Gerichtetheit – oder wird dadurch transportiert?

Das weiße Licht ist der Fokus – und entspricht dem Alltagsbewusstsein – es ist der 4-dimensionale, innerhalb von Zeit und Raum gerichtete Fokus auf etwas Bestimmtes.

Die schwarze Füllung ist die Substanz des Urgrundes, des reinen Gewahrseins, jenseits von Zeit und Raum.

Als Heilmethode angewandt – heißt das wohl, den Fokus des „Alltagsbewusstseins" auf etwas (das zu Heilende – oder besser das schon Geheilte) zu richten – und gleichzeitig mit dem „reinen Gewahrsein" des zeit- und raumlosen Urgrundbewusstseins verbunden zu sein. Also den fokussierten weißen Lichtschlauch des Alltagsbewusstseins mit dem schwarzen Licht des Urgrundbewusstseins zu füllen und diese Energie dem Träumer im Zentrum zur Verfügung stellen.

Bei unserem nächsten Spirale-Treffen im Oktober 2012 rekapitulieren wir, was wir in Bezug auf das Thema Heilung im vorigen und heurigen Jahr schon alles erlebt, erfahren, probiert und an Erkenntnissen gewonnen haben.

Eines der wichtigsten Erkenntnisse scheint der sorgfältige energetische Umgang mit den Räumen außerhalb und innerhalb des Heilkreises zu sein, die energetische Dichte, das Einziehen der Energien des Außenkreises, welches das Ausdehnen und das Durchlässiger-Werden der Energie des Träumers im Zentrum ermöglicht bzw. unterstützt. Es ist dies eine sehr feine anspruchsvolle und Aufmerksamkeit erfordernde Aufgabe für den Außenkreis. Wir haben es deshalb so getan, dass jeweils ein „Dance-Chief" eine Art energetischer Einstimmung für den Außenkreis vornahm.

Selbstverständlich habe auch ich die Möglichkeit zur Selbst-Heilung und zum Lernen über diese Technik benutzt, hier mein Bericht:

Ich gehe in den Kreis und sitze im Zentrum – rund um mich sind 11 Teilnehmer der Spirale. Ich sage dem Kreis ganz kurz, worum es mir geht, und welche Körperstellen betroffen sind. Rechte Schulter – ein Impingement-Syndrom und ein Morbus Morton im linken Mittelfuß. (Dies scheint bei dieser Methode nicht wirklich notwendig zu sein – man braucht als Träumer auch nicht unbedingt zu sagen, worum es einem geht, aber ich tat es halt).

Ich ersuche den Kreis, mir dabei zu helfen und mich zu unterstützen, mich selbst zu heilen. Ich bitte Daniel den D.C. zu machen und lege mich hin. (Man könnte auch sitzen bleiben und das haben auch einige so probiert, doch für mich stimmt es gerade, mich abzulegen.)

Daniel spricht zum Kreis und stimmt sie darauf ein, sich mit dem Urgrund des Seins, mit der großen Matrix zu verbinden und Kanal zu sein für die „Schwarze Lichtenergie" – und diese durch die weiße, gerichtete möglichst unpersönliche „Lichtröhre" ins Zentrum fließen zu lassen.

Anfangs spüre ich nichts – keine Veränderung der Energie im Zentrum. Doch nach und nach stellt sich ein „Nach-Unten und nach-Innen-Sinken" in ein schwarzes Nichts ein. Und das Schwarz wird immer intensiver und das Nach-hinten-hinunter-Fallen nimmt mein gesamtes Sein ein. Ich lasse völlig los und finde mich schwerelos schwebend und drehend, wie ich das schon in Filmen von Raumfahrern gesehen habe. Nur ich bin natürlich ohne Raumanzug und völlig assoziiert in dem Geschehen. Dieses „Geschehen" ist schwer zu beschreiben – es ist ein Auflösen ins Sein und dadurch „intensives Sein" und „gar nicht Sein" zugleich, es ist eine Ausdehnung ins

Nichts und damit zugleich Alles und Nichts. „Ich" hab losgelassen –
„Ich" ist „Selbst".

Ich weiß nicht wie viel Zeit vergangen ist, ich muss ganz tief
weggedriftet sein, denn ich werde durch mein lautes Einatmen durch
die Nase – wie ein leichter Schnarch-Ton – erschreckt. Nach dem
„Auftauchen" ist mein erster Gedanke: oh je, was wird der Kreis
denken, wenn ich hier einfach wegschlafe. Als sich der Gedanke be-
ruhigt, finde ich mich in einem unglaublich tiefen Entspannungszu-
stand wieder – viel tiefer als beim Meditieren. Ich bin weites ausge-
breitetes Bewusstsein – wie es vielleicht wohl in einem Samadi-Tank
erlebt werden kann. Nach einer – mir sehr lang erscheinenden Weile
werde ich wieder durch meinen lauten Atem – vielleicht wieder ein
Schnarch-Geräusch – aus diesem Zustand rausgeschreckt. Diesmal
ist es o.k. für mich – ich denke nicht, ob es vielleicht peinlich sein
könnte – aber ich überlege, ob es vielleicht schon vorbei ist und er-
warte Daniels Kommando. Doch es dauert noch eine ganz schöne
lange Weile, bis Daniel sagt „Es ist geschehen". Ich bin ganz tief
entspannt, spüre zu meiner Schulter hin, die ich im Moment nicht
wahrnehme, aber ich spüre noch die vertraute unangenehme Ver-
spannung im Nacken.

Der Kreis teilt seine Erfahrungen und es stellt sich heraus, dass es
für die Meisten eine ganz tiefe, wunderbare, anstrengungslose, entspannte Sache war. Zu meinem Erstaunen danken viele mir, als hätte
ich etwas getan – auch sie haben offenbar eine ungewöhnliche Tiefe
erfahren.

Ich frage mich und den Kreis, ob ich im Zentrum nicht irgendetwas „tun" hätte sollen. Doch wir kommen zum Schluss, dass das
nicht nötig war, da ich anfangs ja meine Absicht geäußert habe.

Ich bin gespannt darauf, wie das mit meiner Schulter und meinem
Fuß weitergehen wird.

•••

Es war ein paar Tage später zu Hause, dass mich meine Frau Andrea fragte, wie es mir eigentlich mit meiner Schulter jetzt gehe. Da erst wurde mir bewusst, dass ich sie völlig vergessen hatte – und nicht nur das, ich wusste wirklich nicht mehr, ob es die rechte oder die linke war.

Ich schreibe das jetzt gerade einige Jahre später – ich habe keinerlei Beschwerden mit der Schulter mehr gehabt und dabei hätte ich damals schon einen Operationstermin fixieren sollen. Außerdem fällt mir auf, dass, immer wenn ich in den letzten Jahren über dieses damalige Schulterproblem sprach, ich meine linke Schulter meinte. Es war aber, wie ich jetzt beim Nachsehen bemerkte, laut MRT die rechte.

Das taube Gefühl in meinen Zehen begleitete mich, allerdings wesentlich abgeschwächt, immer noch viele Jahre. Oft ist es so, dass ich es gar nicht wahrnehme und ich weiß nicht, ob ich mich einfach daran gewöhnt habe oder ob es viel besser geworden und fast weg ist.

13.
SPIRALE 2013

In diesem Kapitel beschreibe ich einige weitere Erfahrungen in der Arbeit mit meiner „Zauberer-Truppe" in der Spirale.

13.1 Das Auffrischen der Nagual-Fähigkeiten

– Spirale April 2013:

Wir haben bei unserem letzten Spirale-Treffen im Oktober eine Beabsichtigung im Zuge eines Ge-Be-T's getan. Es war etwas, dessen Eintreffen sehr unwahrscheinlich gewesen wäre aber durchaus auch im Bereich des Möglichen gelegen wäre – wenn auch nicht einfach so. Wir wollten schon sicher sein, dass es, falls es geschieht, mit unserer Beabsichtigung zu tun hat.

Es ist nicht geglückt. Nicht ganz daneben, aber eben doch nicht ganz. Dies kann zum Teil auch daran gelegen sein, dass mit der gewählten Beabsichtigung durchaus auch persönliche und egoistische Motive assoziiert werden könnten – was wohl auch nicht unbedingt förderlich war.

Ich bin doch ein wenig enttäuscht, ziehe daraus aber nicht den Schluss, dass die angewandte Technik nicht stimmig war, sondern ich denke, es liegt an unseren noch mangelhaften Fähigkeiten, die Technik gut genug anzuwenden.

So wird es an den nächsten Spirale-Treffen eine Auffrischung und ein Üben und Trainieren der sogenannten Nagualfähigkeiten geben. Diese sind in erster Linie: Sehen, Pirschen, Gestalt-Wechseln, Träumen und Beabsichtigen. (Siehe auch Teil 1 Kapitel 1.3).

An diesem Wochenende beschäftigen wir uns intensiv mit *SEHEN*.

Ich habe für die Teilnehmer einige Bücher und Blätter, eine Menge dieser vor ca. 20 Jahren sehr beliebten 3D-Bilder (Stereogramme), mitgebracht und es macht allen Riesenspaß damit zu üben. Es geht unter anderem darum, das gewohnte „Oberflächen-Schauen" zu transzendieren – bei dem wir durch dieses „abtastende" Schauen klar definierte, abgetrennte Gegenstände betonen, fixieren und auf gewisse Weise sogar hervorbringen.

So wie bei diesen 3D-Bildern das de-fokussierte Betrachten des 2-dimensionalen Bildes das Erleben eines darin verborgenen (eingefalteten) 3-dimensionalen Bildes ermöglicht, nähern wir uns durch ein anderes *SEHEN* in unserer 3-dimensionalen Realität einer höherdimensionalen Erfahrung an.

Prinzipiell gibt es zwei Arten, das Verborgene eines 3-D Bildes zu entdecken. Entweder man fokussiert „hinter das Bild" oder man schielt und fokussiert „vor das Bild". Bei den beiden von mir als Beispiele ausgesuchten fokussiert man „hinter das Bild".

= dahinter   = davor

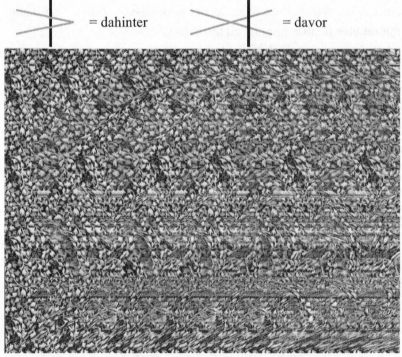

„Another Dimension" © 1994 by 21st Century Publishing – Ryan Jones – Buddha

170

Eine gute Methode wäre, neben das Bild auf ein Objekt in ca. 1–2 Meter Entfernung zu fokussieren und dann das Bild ins Blickfeld zu schieben, ohne den eingestellten entfernteren Fokus zu verändern; dann warten, bis sich das 3-D-Bild herauskristallisiert hat.

„Another Dimension" © 1994 by 21st Century Publishing – Bohdan Petyhyrycz – Garden Eden

13.2 Die multi-dimensionale Begegnung mit einem Verbündeten aus der Pflanzenwelt.

Ein sogenannter Verbündeter kann jegliches „Gegenüber" aus einer der Welten – Mineral, Pflanze, Tier, Mensch oder Ahne – werden, bei dem es uns gelingt, die Trennung von beobachtetem Objekt und beobachtendem Subjekt aufzulösen. Wenn es gelingt, dass Wahrnehmender, das Wahrgenommene und der Akt der Wahrnehmung zu einer Gesamt-Erfahrung zusammenschmelzen, dann sind wir mit dem Verbündeten „verbunden" und erleben eine höherdimensionale erweiterte „Selbst"-Erfahrung.

Wir begeben uns dafür in die Natur und machen eine Übung/Zeremonie, die ich speziell für diese Erfahrung kreiert habe:
Anfangs geht es dabei um ein Zulassen und Sich-Bewusst-Machen, dass wir durch unsere Atmung, unseren Herzschlag und durch unseren Blutkreislauf direkt und (zumindest bis zu unserem physischen Tod) untrennbar mit den großen Kreisläufen des Lebens, des Planeten Erde, des Mondes, der Sonne und des gesamten Universums verbunden sind und damit angeschlossen sind an das gesamte atmende, pulsierende, lebende Gesamtgefüge der Natur und des Kosmos. Wir machen uns bewusst, dass wir mit allen Wesen auf vielschichtige, uns meist gar nicht bewusste Art verbunden sind – z.B. atmen wir den Sauerstoff ein, den Bäume ausatmen und diese atmen ein, was wir ausatmen. Wir werden uns unserer energetischen Verbindung durch unsere Chakren und all der Energie-Bahnen und -Ströme unseres Bewusstseins-Energie-Körpers gewahr und aktivieren und energetisieren diese durch bestimmte Vorstellungen und Handlungen. Es geht darum, uns ganzheitlich für alle auch nur möglichen sinnlichen und übersinnlichen Empfindungen zu öffnen und die Tore zu den höheren Dimensionen weit aufzutun.
Aus dieser Verbundenheit und Offenheit heraus, nehmen wir dann Kontakt auf zu einem „natürlich" stets eingebundenen Wesen,

wie einer Pflanze oder einem Mineral. Es scheint anfangs einfacher mit einer Pflanze zu sein. Es geht auch darum, sich in der Erfahrung „ganz" einzubringen, sich zu zeigen und sichtbar zu werden mit allem, was einem ausmacht. Denn klar ist, **was ich ansehe, sieht mich an und womit ich mich verbinde, verbindet sich mit mir.** Als Phänomen des „Einstieges" in diese Erfahrung scheint sich erst mal das Erleben von Zeit drastisch zu verändern.

Mit einiger Übung verschmelzen Vergangenes, Gegenwärtiges und Zukünftiges zu einer Erfahrung der Gleichzeitigkeit, – eigentlich mehr einer Erfahrung „Jenseits der Zeit", ein ewiges Jetzt – und ein Sein, als Alles in Allem.

Ich werde in meiner Zeremonie von einer eher unscheinbaren jungen Föhre angezogen und das Erstaunliche ist, dass durch das „Ausdehnen" der Zeiterfahrung ein wirklich völlig anderes „Im-Jetzt-Sein" entsteht und vor allem eine deutliche Verbindung und Kommunikation spürbar wird. Das gleichzeitige Wahrnehmen des Baumes in seiner gesamten Lebenserfahrung vom Samen bis zum vermoderten Stumpf – und weit darüber hinaus – zurück in prähistorische Wälder und nach vor zu seinen Kindeskindern – ermöglichte mir plötzlich auch so eine ausgedehnte Zeiterfahrung für mich selbst und mir schien es, als würde mich der Baum daran erinnern, dass ich als Kind immer mit den Rinden von Föhren gespielt habe, wie das wohl alle Kinder tun. Ich hatte sie schichtweise abgelöst und darüber phantasiert, was die entstehenden Formen wohl darstellen würden. Und dieses Erinnern an die unterschiedlichen Gestalten und Formen der Rindenstücke und die Assoziationen, die sie auslösten, wurde plötzlich zu einer ganzheitlichen, mein ganzes Sein erfassenden Gestaltungs- und Formungs-erfahrung. Jetzt war es nicht mehr wie zuvor der Baum in seinem Wandel durch die Zeiten, jetzt war es ich, als ich und Baum zugleich. – Ein ewiges Wachsen, Verändern, Anpassen und Vergehen, – Geburt, ein Sprießen, Strecken, Blühen, ein Welken und Vergehen, ein wiederum als Samen in die Erde tauchen, ins Dunkel, – und wieder Strecken, Licht und Wachsen – im ewigen Kreislauf der Jahreszeiten – ein ewiges Wesen, ein endloses Sein.

Ich weiß nicht, wie lange das so ging, doch schließlich irgendwann gibt mir der Baum das Abschiedsgeschenk, dass ich durch die Föhre in meinem Garten oder auch durch die riesige dreifache Föhre im nahegelegenen Wald, die ich des Öfteren besuche, jederzeit mit ihm in Kontakt kommen kann. Die weit- und großräumige und langzeitige Vernetzung dieser wunderbaren Wesen (uns aller wunderbarer Wesen) wird mir wieder einmal deutlich bewusst.

13.3 Neutrales Bezeugen –
Wahrnehmung und Dimensionen

Ich möchte mit der Gruppe ein Ge-Be-T zum Erfahren höherer Dimensionen machen und schlage die folgende Absicht vor, mit der wir dann auch träumen.

In unserem Gemeinsam-Beabsichtigendem-Träumen öffnen wir uns für Erkenntnisse, Wissen und Erfahrungen auf allen für uns fassbaren Dimensionen über das Phänomen „Wahrnehmung" – und erfahren das neutrale Bezeugen des Seienden.

Erklärung: Es war mir wichtig, zu klären, ob es so etwas, wie ein „neutrales Bezeugen" geben kann, oder ob es gar nichts anderes gibt, als ein Teilnehmen und Mitkreieren.

Es ist eine schöne Nacht mit klarem Himmel und vielen Sternen, recht dunkel, da es zwei Tage nach Neumond ist – eine feierliche, ruhige Stimmung ums Feuer, in dem die Steine zum Glühen gebracht wurden. In der Schwitzhütte spreche ich die Absicht und wir warten in der Stille.

Durch mich durch gehen Licht-Energie-Wellen. Sie scheinen von hinter mir zu kommen und gehen durch mich durch und vor mir weiter. Millionen von goldenen Lichtpunkten auf den Wellenbergen und dunklen in den Wellentälern. Ein wundervoller bewegter Tanz von Lichtpunkten und Dunkel in rhythmischen energetischen Wellen. Die Wellen, die erst feinstofflich, oder besser unstofflich, wie Licht sind, werden allmählich fester – wie Wasser-Wellen, doch das Gold und das Dunkel bleiben bestehen.

Nach einer Zeit nehmen die Wellen immer mehr die Form von Wasser an – und ich höre das Brausen und sehe, wie manche Wellen an Stein und Felsformationen, die einem Strand vorgelagert sind aufprallen und zu Gischt verdunsten.

Ich bin mir bewusst, dass mein Innen und das Außen mehr als nur in Wechselwirkung sind, sie sind Eins. Was ich wahrnehme, wird durch meine gerichtete Aufmerksamkeit „kreiert". Es zieht mich zu den Felsen hin – und ich weiß, dass es mich dort zerschmettern würde. Durch das „Wegsehen" von den Felsen, – ein bewusstes „Nicht-Hin-Sehen", – und das Fokussieren auf den Strand, komme ich an den Felsen vorbei und werde ganz sanft am Strand abgelegt. Es ist eine kitschige „Insel im Paradies"-Strand-Idylle.

Die anderen in der Schwitzhütte haben fast alle ähnliches bis gleiches erfahren und sind jetzt auch alle auf so einer Insel.

Jemand sagt, er wäre ein Fisch und kommt an Land und bekommt Beine und ... – Ich weiß – ja wir könnten jetzt die ganze Evolution durcherleben – aber? – braucht es das jetzt? Jemand sagt, er wisse, man könnte jetzt überall hinreisen, wohin man wollte – andere bestätigen das leicht aufgeregt und wollen gleich losgehen. Ich sage: „Ja, ich weiß, das könnten wir jetzt tun, nur genau das werden wir jetzt nicht tun – ich bitte euch einfach da zu bleiben und zu bezeugen."

Auch für mich taucht die Versuchung auf, und ein kleiner Teil meines Gewahrseins erlebt wie im Zeitraffer blitzschnell Szenen der Evolution vom Einzeller bis hin zu total futuristisch anmutenden schemenhaften Bild- und Szenenfetzen – ich bin dabei aber völlig unbeteiligter Beobachter. Ich nehme nicht teil und doch geschieht es vor mir – vielleicht ja doch auch mit mir – oder sogar von mir kreiert? Doch gelingt es mir, mich da wieder ganz rauszunehmen und leer zu werden und leer zu bleiben. Denn nebenbei, wie auf einer anderen Bewusstseinsebene erlebe ich mich in einem immer ruhiger werdenden Schwebe-Dasein – völlig aufgelöst. Es stellt sich ein seltsamer Zustand eines (ewigen?), gleichförmigen Wohlfühlens ein. Ich bin Zeuge, ohne zu tun. – Stillstand – Ewigkeit – es ist zwar auszuhalten, aber es geht nirgends hin. Dieses „Nicht-Eingreifen" ist nicht so einfach. Ich nehme wahr, dass einige in der Schwitzhütte starken Druck im Kopf verspüren oder Beklemmung und ich höre auch schweres Atmen. Es scheint vielen so zu gehen.

Mit der Zeit – bzw. in der endlos scheinenden Zeitlosigkeit – wird das Nichteinmischen schwerer und schwerer zu ertragen. Das einfachste Gefühl ist noch so etwas wie „Langeweile"- und das wird auch zunehmend unerträglicher. Ich spüre den Sog „mich zu inkarnieren" – und es wäre ziemlich egal als was oder wer oder wo – alles, wirklich alles wäre besser als dieses „Unbeteiligte-Sein". Dies ist für mich doch eine recht unerwartete, erstaunliche Erkenntnis.

Ich bedanke mich für unsere Erfahrungen, schlage die Decken am Schwitzhütteneingang hoch und lasse noch weitere glühende Steine bringen.

Ich frage meine Mitträumer, ob sie bereit wären, noch ein Stück weiter zu gehen? Sie stimmen zu und ich bitte die Kräfte, dass, *wenn es möglich ist und es so etwas, wie eine noch höhere Dimension gibt, wir etwas darüber erfahren dürfen, auch wenn es vielleicht nur ein „Erhaschen", ein flüchtiger Blick, ist.*

Eine sofortige drastische Energie/Bewusstseins-Veränderung findet statt.

Mein Gewahrsein ist ein feiner Sprühnebel von unendlich vielen Lichtpunkten, der sich ausdehnt ins Alles. – Ein sanftes Explodieren. Mein Bewusstsein ist überall. – Ich höre draußen ein Flugzeug, das Feuer, einen Vogel, die Menschen in der Schwitzhütte, – ich bin überall und ich bin all das. Ich bin mein – nein nicht <u>mein</u> – ich bin <u>das</u> Gewahrsein des Alles. – Wunderbar. – Ein, zwei Stimmen in der Schwitzhütte, die stammelnd versuchen, genau das Gleiche zu formulieren. – Es ist fertig. Ich danke den Kräften und wir verlassen die Schwitzhütte. Das Draußen ist unbeschreiblich – ich sah noch nie so viele Sterne – Millionen und Aber-Millionen – es ist eine wunderbare Nacht – alle meine Mit-Träumer liegen und stehen herum – ich bin tief ergriffen von der unfassbaren Schönheit der Schöpfung.

Später bei der Besprechung sagen einige, sie hätten überall hin können, auf jeden Stern, grenzenlos – überall hin.

Wenn es das ist, was geschieht im Moment des Todes, dann müsste man sich wirklich darauf freuen.

Ein sanftes Explodieren und ein Sein in Allem. Theoretisch ist das nichts Neues, – das Explodieren und das Aufgehen in Allem. Was aber völlig neu war, ist **dieses unbeschreibliche Glücksgefühl und die Tatsache, dass durch das Verteilen in Allem, das Bewusstsein und das Gewahrsein nicht abnehmen, sondern in jedem der Teile, wie viele es auch sind, gleich stark bestehen bleibt. Das ist neu und unbeschreiblich wunderbar.**

Bislang hatte ich mir eher vorgestellt, dass im Augenblick des Todes mein Gewahrsein/Bewusstsein sich auflöst im All-Bewusstsein und dort in „dieser großen Ursuppe" halt ein Stück „Karotte, Sellerie oder Petersilie" ist, so es überhaupt noch „Etwas" in dieser Suppe gibt. Das Erstaunliche und Überraschende dieser heutigen Erfahrung war, dass „Ich" oder besser: das „Selbst", nicht etwas Kleines in einem größeren Ganzen bin/ist, sondern dass Ich, das Selbst, Alles bin, dass ganze Große Alles – ungeteilt und ganz.

Es erinnert mich an das Phänomen eines holographischen Bildes – doch hier ist es ein holographisches Gefühl, ein holographisches Bewusstsein, ein holographisches „allgegenwärtiges" Sein.

Einfach wunderbar!

13.4 Begegnung mit einem Verbündeten 2

Wir gehen wieder raus, um die Zeremonie der **Multi-dimensionalen Begegnung mit einem Verbündeten** zu wiederholen.

Ich komme zu der Föhre vom letzten Mal, aber ganz deutlich winkt sie mich weiter und so gehe ich noch ein Stück weit in den Wald hinein und komme zu einer Stelle, an der vier auffallend große Buchen stehen. Mich zieht es zu der ältesten, größten der vier und erst als ich unter ihr stehe, sehe ich, dass sie über und über mit Baumschwämmen verschiedenster Größe übersät ist. Sie ist riesig, wunderbar morsch und lebendig zugleich, sicher die Großmutter der Bäume dieses Waldes. Ich lehne mich frontal an ihren Stamm und berühre dabei mehrere dieser ganz harten Schwämme. Nach ein paar Atemzügen spüre ich darunter die erstaunliche Weichheit und Lebendigkeit des Baumes und dann nehme ich Bewegung wahr, ich atme mit dem Baum. Ich gehe in der Zeit zurück, anfangs geht es nur zögerlich, als würde der Baum sagen, „ach, lass nur, ich stehe schon ewig hier". – Doch dann verändert sich der Wald – er ist menschenunberührt, keine Wege – an der Stelle steht wieder – oder besser: ich bin? – wieder eine Buche und andere sind herum in verschiedenen Größen. Es war schon immer so – und es/ich war immer diese Buche durch viele andere Buchen – ich „spüre" sie ganz stark und ihre innige Verbindung zu den anderen Baumgenerationen – mein/ihr Atem hat einen ganz langen Rhythmus – ein Atemzug kommt mir vor, wie eine Jahreszeit, – Frühling, Sommer, Herbst, Winter, – ein und aus – **irgendwie bin ich nicht ein Wesen,** ich fühle mich so verbunden und **es ist diese Verbindung, die ich bin, durch die ich bin.** Ich bin auch die anderen Buchen – unten verbunden durch Wurzelwerk, oben durch die Bewegungen der Luft und der Blätter – und in mir dadurch, dass sie aus meinem Samen entstanden sind – und ich aus ihrem.

Und dieses „Ewig-Sein" als Buche, als Baum, als Pflanze dehnt sich aus und wird ein Ewig-Sein als Mensch – als „Wesen".

Und wir „alle Wesen" werden geboren, erleben uns als speziell, besonders und getrennt für eine Zeit und dann vergehen wir wieder, gehen auf im Nächsten. Mein Vater, meine Mutter in mir, ihre Ahnen in ihnen – und so fort bis zum Anfang der Zeit – und auch nach vor. „Ich" in meinen Kindern, in meinen Gedanken, meinen Taten. Mich durchdringt ein tiefes Fühlen, ein Spüren, ein Wissen. – In meinem tiefsten Grunde, in meinem tiefsten Sein, bin ich nicht Teil von einem Ganzen, ich als das Selbst, ich bin das Ganze – und jeder andere, jedes andere Selbst und andere Ich – ist ganz genauso das Ganze. Und auch wenn ich es nicht mental verstehe, wie das geht, so ist es doch unleugbar so und ich „weiß" und fühle es zutiefst so.

Ich habe keine Ahnung, wie lange ich in dieser „Ganzheit" schwebe, ein zeitloses Sein im Puls des Lebens, ist alles, was ich fühle. Es ist wunderbar – ewig.

Irgendwann gibt es wieder die Trennung, den Baum, an dem ich lehne, mit dem ich atme.

Und ich erfahre eine Szene aus meiner Vergangenheit. Ich bin ein kleiner Junge und bin bei meinem damaligen „Lieblingsbaum", einer wahrscheinlich mittel-großen Buche, die mir aber als Kind sehr groß vorkam. Es war sehr schwierig hinaufzuklettern und mein Bruder und ich hatten am ersten starken Ast ein Seil befestigt – zum Rauf- und Runterklettern und auch zum Schwingen. Oben im Baum hatten wir zwei Bretter angebunden, unser „Baumhaus". Es war, als wäre ich in einen Traum gefallen, würde all das wieder-erleben und wirklich dort sein. Ich genieße die Erfahrungen – wieder sitz ich oben auf dem Brett im Geäst und Blätterwirrwarr und hänge meinen Träumen nach. Ich klettere runter und spüre die leichte Angst, die hochsteigt, da ich, um das Seil zum Runterschwingen fassen zu können, einen kleinen Sprung „ins Nichts" wagen muss. Ich springe – und bin wieder da – in dieser Realität.

Ich sage zu der uralten Buche: „Ich danke dir, das war es wohl, was du mir geschenkt hast und was schenke ich dir?" Es ist klar, sie braucht nichts mehr von mir. Meine Aufmerksamkeit, meine Achtsamkeit, meine spezielle starke Liebe zu Bäumen, die schon als Kind da war, ist ihr genug.

Ich lehne mich mit dem Rücken an sie und habe den Impuls, sie zu fragen, ob sie mir helfen will, das richtige Thema für ein „Gemeinsam-Beabsichtigendes-Träumen" für heute Abend in der Gruppe zu finden und sofort ist es da:

- *„Was ist das Wichtigste, was ein Mensch, der sich hier auf Erden zu dieser Zeit inkarniert, zu beachten und zu lernen hat."*

Ich denke, „Was, wenn es aber nicht das Gleiche für alle ist?" und bekomme sofort die Antwort.

- *„Und was ist in diesem großen Thema, meine persönliche Färbung?"*

Ich danke der wunderbaren Buche und mach mich auf den Rückweg.

13.5 Pandora

Meine Zauberer-Gruppe ist sofort einverstanden, mit dieser Absicht gemeinsam beabsichtigend zu träumen. Es ist noch früher Abend und so gehen wir für das Träumen in die „nicht-beheizte" Schwitzhütte, als dunkler Zeremonialplatz.

1. Absicht:

„Was ist das Wichtigste, was ein Mensch, der sich hier auf Erden zu dieser Zeit inkarniert, zu beachten und zu lernen hat."

2. Absicht:

„Und was ist in diesem großen Thema, meine persönliche Färbung?"

Es werden anfangs verschiedene Bilder beschrieben – ein Höhleneingang, eine Kristallformation, ein mäandrierender Fluss, ...

Ich fasse die Erfahrungen zusammen zu einem Höhleneingang in einer der Flussschlaufen – und wir gehen in die Höhle rein. Kristallene Strukturen, organische Wände. Wir beschließen durch die hintere Wand durchzugehen. Dieses „Durchgehen" wird von jedem etwas anders erlebt.

Ich arbeite mich recht mühsam durch teigig fleischliches, dickes, seltsam weiches und gleichzeitig festes Gewebe hindurch, und auch die anderen tun dies, jeder auf eigene Weise. Ich erlebe einen kaum aushaltbaren Druck und kann nicht mehr atmen. – Ich stecke fest. Es vergeht eine kleine Ewigkeit des Kämpfens gegen diesen Druck, kein Vor, kein Zurück, ein Sterben, ein Auflehnen, ein unbändiges Vorwärts aus Ziehen und Gestoßen werden, ein bewusstloses, ohnmächtiges Taumeln hin zur Explosion in Unfassbares – „Licht"?

Mein Erleben und die Erfahrungsberichte der anderen machen mir klar, dass es sich jeweils um die Geburt handelt. Ich sage es aber nicht, da wir uns sonst sicher da mit vielen detaillierten, genaueren Beschreibungen und so manchen Emotionen länger aufgehalten hätten. Es erscheint mir wichtiger, wie es weiter geht.

Es folgen unterschiedliche Erzählungen, die alle etwas Suchendes, Sich-Zurechtfinden-Wollendes gemeinsam haben. Schließlich zieht es uns vorerst auf verschieden beschriebenen Pflanzen hoch, bis wir uns jeder als zähflüssiger klebriger Tautropfen auf einem langen schlanken Grashalm finden. Alle beschreiben diesen Tropfen gleich und obwohl er zäh und klebrig ist, ist er auch gut beweglich. Wir können uns durch Wippen und loslassen höher schwingen und wir genießen für eine Zeit lang dieses Spiel in den Gräsern und Halmen.

Diese Gräser, die sich auch zu Bäumen verwandeln können bilden einen „Waldrand", eine deutliche Abgrenzung zu einer von manchen als „wüstenartig" beschriebenen Ebene. Einige wollen diese erkunden – ich habe dazu so gar keine Lust, – ja ich will nicht einmal genauer hinsehen. Es zieht mich vielmehr „hinein" in die Graslandschaft, in den Wald.

Ich spreche noch einmal die Absicht.

Ich gehe in den Wald hinein und komme an einen Weiher – alles ist unbeschreiblich zauberhaft, märchenhaft, feenhaft. Silberne Lichtfäden, wie Sprühnebel überall – alles ist durch diese schillernden Fäden verbunden – doch man kann einfach durchgehen, ohne sie zu zerstören. Eine Welt, die mich an den Planeten Pandora im Film „Avatar" erinnert, nur noch leuchtender und verbundener.

Alle beschreiben total fasziniert ähnliche Bilder und Eindrücke. Wir genießen es eine Zeitlang, dann bedanke ich mich – die Antwort ist wohl mehr als klar.

Ich spreche jetzt noch die zweite Absicht, die der persönlichen Färbung, in den Raum.

Jetzt nehme ich wahr, dass es in diesem „Paradies" auch aufgesplitterte Fasern gibt und auch lose rumhängende nicht verbundene Fäden. Ich bin am Flicken und Reparieren der Lichtfäden, ich verknüpfe die losen Verbindungen und mache nicht wahrgenommene Verbindungen sichtbar.

Sehr klar, einfach und doch wunderbar – das beschreibt recht gut, was ich auch wirklich denke zu tun.

Auch alle anderen bekommen ihre individuellen auch durchaus verschiedene Antworten und wir beschließen die Zeremonie mit einem wunderbaren dankbaren Gefühl des „Angekommen-Seins".

13.6. Gecko/Chamäleon und Schlange

Schon bei der Eröffnungsrunde ist klar, dass dieses Treffen ein ganz besonderes wird. Jeder bringt sich und seine Themen voll ein und so wird auch gleich die „Ankommen-Schwitzhütte", die diesmal Daniel leitet eine sehr tiefe Erfahrung individueller und kollektiver Räume.

Eines der zentralen Themen des Treffens ist das *HÖREN*, das ja auch zur Nagual-Fähigkeit des *SEHENS* dazugehört und zum Zurechtfinden in höheren Dimensionen sicherlich noch wichtiger ist als das Sehen, das so stur drei-dimensional funktioniert. Es ist doch kein Zufall, dass nahezu jede Arbeit an höherem Bewusstsein und erhöhtem Gewahrsein mit der Anweisung beginnt: „Schließe einmal deine Augen und ...".

Am zweiten Abend gibt es wieder ein gemeinsames Beabsichtigendes Träumen mit der Absicht:

Wir öffnen uns dafür, zu erkennen, zu wissen und zu erfahren, wie wir das Neue Paradigma im Alltag erfolgreich und erfüllend verwirklichen.

Im völlig abgedunkelten Raum fliegt und surrt sehr laut eine Fliege. Sie zieht auf ungewöhnliche Art meine Aufmerksamkeit auf sich. Sie ist irgendwie überall. Mein erster Impuls ist, dass sie wohl stören wird und wir sie loswerden müssen, bevor wir anfangen. Doch dann fällt mir ein, dass in vorherigen Reisen Tiere schon sehr viel geholfen hatten, nicht nur imaginäre, sondern auch konkret anwesende. Jetzt verstummt die Fliege. Ich entschuldige mich bei ihr und mache eine zusätzliche spezielle Anrufung an Pflanzen, Tiere und ihrer „Spirit-Energien" mit der Einladung, uns zu unterstützen.

Zu Beginn des Träumens werden verschiedene Erfahrungen geteilt. Ich bin recht klein und nehme starke Drehbewegungen wahr –

erst außerhalb und dann auch in mir und mit mir. Ein intensives Drehen. Jemand beschreibt eine Drehtür in einer Felsformation – wenn man durchgeht, kommt man wieder raus im gleichen Raum, der aber jetzt verändert ist. Das Bild bestätigen andere. Weitere Erfahrungen werden geteilt – allen gemeinsam ist Bewegung und Drehen, viele sind klein im Vergleich zur Umgebung.

Ich schlage vor, dass jeder erst mal in seiner Erfahrung weitergeht.

Jetzt werden rausschnellende Zungen beschrieben, – ein kleiner Frosch, dann ein, zwei Geckos – ich denke, ich bin ein Chamäleon – einige beschreiben Räume, aus denen sie nicht raus können. Wir bewegen uns fort, indem wir die Zungen rausschießen auf Objekte und uns dann an sie ranziehen. Anfangs ist es für mich eher ein Hinbeabsichtigen und sofort dort sein, wie ich es von anderen Träumen schon kenne, aber das „Zungenschnalzen" ist einfach zu verlockend – also bewege auch ich mich vorwärts-schnalzend.

Jemand wird zur Schlange – und sofort werden viele, auch ich, zu Schlangen. Ich schlage vor, dass wir alle zu Schlangen werden und aus den diversen Räumen, in denen wir vielleicht noch sind, raus kriechen. Ich bin eine Art Äskulapnatter und krieche durch einen Türspalt durch, eine Hausmauer rauf und lasse mich von der Dachrinne kopfüber runterhängen. Mein Kopf ist knapp über einem Regenbottich und ich betrachte mein Spiegelbild im Wasser – ich rieche das Wasser und spüre seine Kühle. Dann schlängle ich mich weiter. Alle beschreiben sich als Schlange und gemeinsam bleibt ein stetiges Vorwärts-schlängeln und ein begleitendes Geräusch, das sich je nach Untergrund verändert. Auch ich mäandriere dahin. Es fühlt sich gut und richtig an, in Bewegung zu sein. Ich bemerke, dass auch in der Realität, in der ich im Kreis meiner Mitträumer sitze, mein Körper begonnen hat leichte Dreh- und Schwingbewegungen zu tun.

Ich frage mich, was mein Ziel ist, aber klar ist, dass das Ziel schon in mir integriert ist – und doch bin ich stetig und un-abgelenkt dorthin unterwegs. Egal welche Bilder und Erfahrungen geteilt werden, ob jemand im Wasser ist, oder wer in einer Stadt oder wer anderer im Urwald – ganz egal, ich bin sofort auch dort und bewege mich in dem beschriebenen Umfeld und Element.

Es geschieht weiter nichts Neues, als dieses stetige Vorwärts-schlängeln.

Besprechung:

Wir haben zwei verschiedene „Antworten" bekommen, das „Hin-schnalzen" zu einem Ziel – schnell bestimmt, direkt und das stetige „Hin-schlängeln" mit dem schon integrierten Ziel. Vielleicht ist das so, weil in unserer Absicht die zwei Worte „erfolgreich" und „erfüllend" vorkommen – vielleicht also auch zwei Antwort-Strategien?

Vielleicht sind es auch zwei unterschiedliche Strategien, verschiedene Methoden des Neuen Paradigmas für verschiedene Herausforderungen des Lebens.

1. das zielgerichtete Bewegen – durch sich Hin-schnalzen – schnell, direkt, stark

2. das Integrieren der schon erfüllten Beabsichtigung und das stetige unaufgeregte Hin-schlängeln – und dabei das Genießen, es schon zu sein.

Diese beiden Möglichkeiten wurden durch die beiden erlebten Tiere – Chamäleon und Schlange sehr gut erfahrbar.

Der Gecko / das Chamäleon – zur notwendigen raschen Zielerreichung – mit dem eher ungewöhnlichen Ansatz, dass ja nicht etwas – die Beute – angezogen und sich einverleibt wird, – sondern wir uns selbst zum Ziel schnalzen.

Erst viel später erahne ich auch einen Zusammenhang damit, dass ein Chamäleon ja äußerst anpassungsfähig ist und sogar die Farbe seiner Umgebung annehmen kann – und damit ja schon fast das ideale „Krafttier" ist für die „Kontrollierte Torheit", die bei der „Kunst des Beabsichtigens" zur Wirkung kommt – nämlich das so tun, als hätte/wäre man schon das beabsichtigte Ergebnis. (siehe auch Teil 1, Kapitel 10). Auch erinnert mich diese Erfahrung mit dem Chamäleon an das „Licht-Farben-Spiel" am Libellenflügel, aus dem sich dann die Beabsichtigung kristallisierte. (Siehe Kapitel 11.1).

Die Schlange – als beständig sich dem Ziel entgegenschlängelnd, unaufgeregt den Weg erfahrend und genießend, weil das Endergebnis, das erreichte Ziel, schon integriert ist.

Vielleicht ist es auch die Schlange, die den beständigen Untergrund bildet – und bei Bedarf kann auf diesem Untergrund der Gecko, das Chamäleon agieren.

Für mich ist diese Schlange schon länger am Werk – in Form eines ruhigen beständigen starken Stromes, – ein beständiges, strömendes, unaufgeregtes Glücksgefühl, das mein Alltagsleben immer öfter umfließt.

...

Am nächsten Morgen beschließen wir, uns wieder auf eine **multidimensionale Begegnung mit einem „Natur-Verbündeten"** einzulassen, nur diesmal wollen wir unser Energieniveau durch eine Körperbemalung verstärken.

Ich wähle eine Bemalung aus, mit der ich schon in anderen Zeremonien starke Erfahrungen hatte. Und nachdem wir einander bemalt haben und die Bemalung energetisch erweckt haben, geht jeder individuell raus auf seine Zeremonie.

Ob es an der Bemalung gelegen hat oder ob die Begegnung diesmal einfach anders verlaufen ist, – mein Verbündeter war diesmal ein Wasser-umspülter Stein in einem Bach – kann ich nicht sagen – jedenfalls war meine Erfahrung und auch die der meisten Anderen deutlich verschieden von der, der beiden letzten male. Es war mehr ein „Verschmelzungs-Erlebnis". War „Zeit" in den vorigen Erfahrungen als Zukunft und Vergangenheit, wenn auch ewig und jetzig zugleich, eindeutig ein Thema, so gab es „Zeit" auf seltsame Weise gar nicht und es gab nur ein mit dem Verbündeten gemeinsames Erleben, Pulsieren, Atmen und Sein in einem „zeitlosen Jetzt".

Wir beschließen, mit der stark wirkenden Bemalung in die Schwitzhütte zu gehen.

13.7 Initiation zum Evolutions-Agenten

Beim Feuer angekommen, sind schon alle Spirale-Teilnehmer um das Feuer versammelt, es ist eine gute leichte, Stimmung, und um das Feuer herumstehend, nehmen wir noch einmal bewusst den wunderbaren Sternenhimmel wahr und wie sich die vom Feuer aufsteigenden Funken mit den Sternen zu einem Funkenfirmament verbinden. Dann verkünde ich die Absicht der Hütte.

Die Kraft als „Energie- und Bewusstseins-Verstärker", – als Evolutions-Agent – anzunehmen, uns dafür zu öffnen, das Niveau und die Ebenen von Licht, Lust, Freude, Wissen und Erkenntnisse für uns selbst, für andere und für das Leben selbst zu erhöhen.

Es wird eine wunderbare, magische Trance-Schwitzhütte.

Nachher – als alle rund um das Feuer sitzen – sind das nicht bloß Menschen, sondern eindeutig Energiewesen. Es ist mir nicht möglich, zu wissen, wer es ist, der links oder rechts oder gegenüber von mir sitzt. Wir sind alle un-persönliche, bzw. trans-persönliche Wesen – am ehesten noch leuchtende Energie-Kugeln. Es ist ein unbeschreibliches Gefühl der Abwesenheit des gewohnten Seins und ein Sich-Erfahren in einem einerseits völlig neuem und gleichzeitig uralt-vertrautem, gleichzeitig intimen und kollektiven Da-Sein.

Jetzt beim Aufschreiben, dieser Erfahrung wird mir noch etwas bewusst. Das Mich-Erfahren als leuchtendes Energie-Kokon und das Wahrnehmen der anderen als solche wirbelnden Energiefelder, geschah seltsam unaufgeregt – ja, ganz natürlich und normal, – wenn ich bedenke, wie oft ich Jahre zuvor versucht hatte, Menschen endlich so wahrzunehmen. Es war, wie wenn ein Schleier abgefallen wäre und das sichtbar wurde, was man ohnehin darunter wusste. Mit dem Schleier abgefallen waren auch alle die der Ego-Persönlichkeit zugehörigen Attribute. Was blieb war lebendiges, zeitloses, präsentes Gewahrsein.

Eine der Spirale-Mitträumerinnen fasste unser Oktober-Treffen im Feedback über die abschließende Schwitzhütte so gut zusammen, dass wir sie baten es für uns aufzuschreiben.

Im ersten Teil meiner Trilogie finden sich unzählige Zitate, meist von Wissenschaftlern, Weisen und Mystikern – warum nicht hier auch ein Zitat einer meiner Mitträumerinnen in der Spirale. Hier ihr, von mir unverändertes, E-Mail:

Liebe Träumerinnen und Träumer
Ich habe versprochen, meinen Teil der Sprechstabrunde zur Hütte vom Samstagabend aufzuschreiben und Euch zuzuschicken.
Das ist gar nicht so leicht! In der Hoffnung, dass es ungefähr mit dem übereinstimmt, was ich gesagt habe, kann ich Euch auf jeden Fall mitteilen, dass auch jetzt beim Aufschreiben wieder dieses Einheits-Gefühl und zärtliche Zufriedenheit da sind. Schön! ...
Seid umarmt – wie beim ersten Aufguss in der Hütte
   Nathalie

Schwitzhütte 26.10.2013, Melek – DC: Günther – Feuer: Gertraud
Die Hütte war magisch. Das ganze Wochenende ist magisch und die Hütte ist das Feuerwerk dazu. Eine Zeremonie, die für mich die geniale und konsequente Verbindung aller unserer Erfahrungen bündelte:
- von meinen ersten Äußerungen im Sprechstab (Individuum-Kollektiv)
- zur Schwitzhütte von Daniel (ein gemeinsamer Raum sein)
- zum kontrollierten Träumen (Bewegung, Gecko, Schlange)
- der Heilung (Urgrund)
- zum Körper-Bemalen des Phönix-Feuer Energie- und Bewusst-seins-Verstärker (Feuer-Bewegung-Schlange)
- zur Zeremonie in der Natur (magische Annäherung an das Wesen, multidimensional, hören, sehen – wer sieht mich, was begegnet mir)

- die Heil-Gespräche und Sing-Runden, die Wissens- und Austausch-Runden und -Stunden
ALLES in selten erlebter „Einheit" unseres Gruppewesens und seit der Bemalung auch in einer stark ausgeprägten Verbundenheit mit dem Körper – und losgelöst vom wertenden, analytischen Intellekt.

Ich bin dankbar, dass die Absicht (Wir sind Energie- und Bewusst-seins-Verstärker) vor der Hütte als wir alle um das Feuer standen, ausgesprochen wurde. So konnte ich mich in die Hütte begeben, denn ich spürte, dass dort drin sich alle meine Wahrnehmungen noch ein-mal verstärken und verändern würden und ich oft nicht imstande sein werde, meinen Intellekt anzuzapfen. Es war mir, als ob ich eine Droge genommen hätte. Trotzdem war es mir möglich, sofort ein Lied, von dem ich nur den Titel hörte abzurufen. Darin bin ich nor-malerweise sehr schlecht. Also war da doch noch etwas von meinen Erinnerungen vorhanden.
Während dem Singen in der Hütte mit geschlossenen Augen plötzlich ein Geräusch, als ob eine Gasflamme Feuer fängt. – Ich öffne die Augen und das Feuer tanzt im Kindsfeuer. Ich sitze im Westen der Hütte und sehe Günther wie er das Feuer betrachtet und ein paar von den Träumern. Ein magischer Moment der Ruhe der Power des Elementes Feuer und Erkenntnis, dass wir auf unseren Beinen das Feuer tragen (Bemalung), das Feuer sind, das Feuer sehen. Norma-lerweise kenne ich diese Situation, dass sie Hektik auslöst und der Dance-Chief probiert das Feuer zu löschen.
Ein erster Aufguss – und die Steine erwidern einen metallisch, elektrischen Ton, Schrei, Zischen. Ein weiterer magischer Moment. War dies der Laut der Schlange, die wir tragen? (Bemalung an den Beinen und Armen) *Hohe Energie, die wir befähigt sind zu hören? Ein Laut, der irritiert, die Dimensionen verschiebt? Das Wasser des ersten Aufgusses umgibt mich wie ein Mantel. Ich gehe mit. Weiß nichts mehr im Intellekt.*

Dann höre ich, dass ein Teil von mir sterben muss. Wieder dieses Ir-
ritierende, ähnlich wie beim Laut der Steine. Ich werde mir meiner
Stärke meines freien Willens bewusst und bewege mich wie die
Schlange um die Anweisung herum. Ich allein weiß meinen Weg.
Vertrauensvoll und verbindend die korrigierte Anweisung, dass es
natürlich mir selber überlassen ist, ob ich einen Teil von mir sterben
lasse (um den neuen gestärkten, gewandelten Teil wie Phönix aus
der Asche auferstehen zu lassen), aber dass wir Zeit, Magma und
Tod ja bereits auf uns tragen – in der Bemalung.
Ein Reisen auf meiner Bemalung und in der Zeit beginnt. Unterstützt
von der (magischen) Rassel, die mit ihrem eher langsamen Rasseln
die Klapperschlange auf mir vertont und diese fängt an zu wandern
auf meinem Körper und durch alle durch die Bemalung symbolisier-
ten Kräfte. Nun ist alles aufgeweckt und ich endgültig ganz aus mei-
nem Kopf draußen, bzw. in meinem Raum, den ich in der Schwitz-
Hütte von Daniel erlebte. Was von mir gestorben ist und was aufge-
wacht ist: Es kam aus einer anderen Welt. Ich hörte mir zu. Erschrak
darüber – und vergaß es sofort wieder. Die Erinnerung des aufer-
standenen Wesens – es hallt – unbewusst. Meine MitträumerInnen
starben und auferstanden, eindrücklich – es war alles auch ein Teil
von mir. Es wurde weiter angerufen, was für mich eine Verwebung
der Zeit, ein Vorher ist Nachher, ein Oben ist Unten usw. auslöste.
Das Tor stand offen. Dichter Nebel in der Hütte. Draußen das große
Feuer erkennbar als Licht. Wir begannen die Hütte zu verlassen.
Es gibt doch diese Momente im Musical, bei großen Shows: Dichter
Bühnennebel – ein Spot von hinten, Gegenlicht, und der Star tritt
auf, es ist nur eine Silhouette zu sehen und jede Bewegung ergibt ein
Strahlenmeer. Hier, wie ein Kaleidoskop in Schwarz/Weiß/Gold fun-
gierten die Träumerinnen beim Herausgehen aus der Hütte – mal
war es wieder ganz dunkel, dann wieder war es, als ob der Träumer
das Licht aussendet und die Strahlen verteilten sich in der Hütte.
Unsere Drehtüre war der Nebeldampf. Es war für mich schon lange

nicht mehr so sichtbar, dass, wenn ich rausgehe, wechsle ich die Dimension.

Das Sitzen am Feuer, wie das Sitzen beim gemeinsamen beabsichtigten Träumen: einheitlich Verwandte – das Individuum ist nebensächlich.

Dass ich dies alles erlebe, Teil davon bin, macht mich sehr glücklich. Meine Sehnsucht nach Magie, nach Kohärenz ist tief gestillt.

Magie ist möglich im vertrauensvollen Zusammenschluss, in der Verbindung und Kreativität unserer Gemeinsamkeit, durch unsere Intuition und die Fähigkeit der einzelnen TräumerInnen (und der Menschen, welche die Zeremonien in Hingabe und Demut leiten) das Potenzial zu erkennen, zu nutzen und umzusetzen.

Dafür bedanke ich mich bei Euch und bei mir.

Ho

Windblitz, Basel, 29.10.2013

...

Ich lasse diesen Erlebnisbericht einfach so für sich sprechen und hoffe, dass er und all die anderen Berichte über die Arbeit in der Spirale oder auch am Lebenstanz möglichst vielen Menschen Lust machen, sich mit anderen Gleichgesinnten zusammenzutun und sich mutigen Herzens freudig und kreativ daran wagen, den Geheimnissen des Lebens nachzuspüren, um für ihr Da-Sein einen tieferen Sinn zu finden. – Und in diesem Verständnis so ein „Schamane" zu sein, wie es Schamanen seit jeher waren und sind. Für sich selbst und für andere – ein Mittler sowohl zwischen dem Menschen und den Geheimnissen der Natur, als auch dem Menschen und den höherdimensionalen Möglichkeiten des „Mensch-Seins".

14.

DER ABSCHIED DER ÄLTESTEN

Der 21. Lebenstanz 2013

Ich komme am Land an und wieder einmal gehe ich den steilen Weg hinunter, der von der Straße oben zu unserem „Dorfplatz" führt, wo die großen Versammlungs-Tipis und -Zelte stehen. Wie auch schon einige Male davor, als ich nach dem Ankommen diesen Weg runter ging, kommt es mir auch diesmal so vor, als wäre ich niemals fort gewesen. War mein Leben zwischen den Tänzen nur ein Traum? – Und ich wache auf, wieder diesen Weg runter gehend? Oder ist das hier der Traum und ich werde wieder zu Hause aufwachen? – Vielleicht sind ja auch Zeit und Raum ein noch viel größeres unfassbareres Phänomen als wir uns das vorstellen können. – Vielleicht bindet und bündelt ein Ort auf seltsame Weise all die Zeiten, die man an diesem Ort verbracht hat – und warum dann nicht auch die, die man dort verbringen wird? –

Ich genieße die vertraute Umgebung, das alte Eichenwäldchen und die Stein- und Felsformationen, das Begrüßen der Menschen, den Weg zum Küchenzelt, dem Arzt-Tipi und den Zeremonial- und Hüter-Tipis. Ein erstes Besichtigen des Tanzplatzes – man hat schon mit dem Aufbau begonnen – ich begrüße den Baum. Ein Hauch von Ewigkeit, von andauernder Selbstverständlichkeit.

Mir fällt auf, dass eine ganz entspannte Stimmung vorherrscht. Alles ist ruhig und die Leitungs-Teams – das alte und das neue – wirken sehr zufrieden und friedlich. Man sitzt freundschaftlich, liebevoll im Kreis und hat schon mit der Zusammenarbeit begonnen.

In unserem ersten allgemeinen gemeinsamen Treffen bringen wir „Ältesten" für den diesjährigen Tanz die alchemische Änderung ein, dass jeder Tänzer neben seinem physischen Tanzplatz und seiner physischen Tanzlinie eine zweite hat, in der er seinen feinstofflichen Körper tanzen lassen kann. Auf diese Weise werden gleich zwei

Fliegen mit einer Klappe erlegt: Es gibt heuer weniger Tänzer als sonst und somit wäre der Tanzplatz und das für jeden zur Verfügung stehende Segment sehr groß. Die Idee wird begeistert aufgenommen.

Abends sehen wir das alte Leitungsteam wieder in guter Stimmung zusammensitzen. Das Morgenmeeting ist wirklich gut und die alten und neuen Teams verstehen einander ausgezeichnet. Wir Ältesten beschließen aufgrund der sich darstellenden Situation – der sich gut verstehenden Teams und in Erinnerung an ein Ge-Be-T vor einigen Jahren, als dessen Ergebnis klar war, dass es nur drei Ebenen für den Lebenstanz gibt, – uns vom Lebenstanz zurückzuziehen.

Diese drei Eben sind: – die der Teilnehmer, als Tänzer, Trommler/Sänger, Hüter oder im Kinder-Camp, – die Ebene des Leitungsteams und – eine dritte Ebene aus ehemaligen Leitungsteammitgliedern, die eine Art Ratgeber-, Supervisions- und Alchemie-Weiterentwicklungs-Aufgabe übernimmt.

2013 – Die Ältesten mit dem „alten" Leitungsteam.

Wir geben unsere Entscheidung den beiden Leitungsteams bekannt und gleich beim nächsten Morgenmeeting informieren wir das Lebens-Tanz-Kollektiv.

2013 – wir geben unseren Abschied bekannt

Wir fassen unser Wirken seit Begründung des Tanzes kurz zusammen, erklären die Gründe unseres Schrittes und die systemischen Hintergrund-Aspekte – und drücken gegenüber unseren Nachfolgern unsere Achtung und unser tiefstes Vertrauen aus. Dass uns dieser Schritt nicht so leicht fällt, wird spürbar. Immerhin ist der Lebenstanz „unser Baby", das wir gezeugt, geboren, genährt und durch 20 Jahre – durch seine Kindheit und Pubertät in die „Volljährigkeit" begleitet haben.

Und auch manche im Kollektiv sind sehr betroffen, es gibt Tränen, Unverständnis, aber auch Verstehen und Ermunterung.

14.1 Wakan / Sasquan und wir „Aliens"

Für uns „Älteste" geht es nun darum herauszufinden, wie genau eine weitere Zusammenarbeit zwischen uns geschehen kann.

Wir versammeln uns mit den anderen zum feierlichen Einzug in den Tanzplatz, stellen uns ganz zum Ende der Schlange und so wie schon im Vorjahr biegen wir – anstatt in der Prozession mitzugehen, – ab und gehen hinunter zum Schwitzhüttenplatz um dort unser Ge-Be-T zu tun. – Di.30.7. ca 19:30 – DC Günther

Unsere <u>Absicht</u> in dieser Hütte ist:

Wir – und das sind (jeder von uns stellt sich selbst vor), wir machen uns auf zu erkennen, zu wissen und zu erfahren, was aufgrund unseres bisherigen Zusammenwirkens im Tonal und Nagual, das für uns erfahrbare und erreichbare höchstmögliche Potential ist, das unser Leben bereichert und uns mit Freude erfüllt.

Gleich nach meiner eher „spacig" geratenen, den Raum weit öffnenden Anrufung, den Beschwörungen, dem Handschuhdoppel und dem Sprechen der Absicht erlebe ich rasch abfolgende Szenen von Erfahrungen, die wir gemeinsam hatten. Durchwegs Nagual-Erfahrungen unserer gemeinsamen Träume. So stakse ich gemeinsam mit meinen Mitträumern als Echse durch die steinige Felslandschaft, fliege als Absicht durch das endlose All, sitze in dem lebendigen, absichtslosen Raum unter dem Lebenstanzbaum, tauche ein in ein Obsidian-schwarzes Auge, usw. Nach einer geraumen Weile dieser Erfahrungen frage ich mich, was diese Szenen alle gemeinsam haben. Das Gemeinsame ist, dass ich sie erlebe, wie in einem Flugkörper sitzend, der aus vier länglichen Dreiecken besteht, die an ihren Spitzen zu einer gemeinsamen Spitze zusammenkommen. Ich erlebe die Szenen durch eine gallertige Scheibe, einen Spiegel? Er hat eine spitze hohe dreieckige Form und gemeinsam mit den drei anderen Dreiecken ergibt sich eine hohe Pyramidenform. Es ist klar, dass die drei anderen „Scheiben" meine Mitträumer sind. Sehen die das gleiche da draußen, wie ich?

Über mir und über der Spitze ist die „Wirklichkeit" – sie ist überwirklich, endlos weit. Alles ist ewig und weit und gleichzeitig ganz nah, unwirklich erhöht und allgegenwärtig – besonders die Geräusche. Das Zirpen einer Grille, der Ruf eines Vogels. Die leisen Stimmenfetzen der gerade oben am Tanzplatz stattfindenden Eröffnungs-Pfeifenzeremonie erscheinen mir so weit weg, als kämen sie von einem entfernten hohen Plateau eines Mesa-Berges und fühlen sich gleichzeitig an, wie in mein Ohr geflüstert.

Ich höre ein schrilles, flirrendes, grillenähnliches Geräusch im linken Ohr und weiß für einige Augenblicke nicht, ob es nicht sogar wirklich eine Grille ist – und Innen und Außen sind vertauscht und eins zugleich. Dann vernehme ich deutlich das Zirpen einer Grille von draußen – das ist jetzt ganz anders – also ist das „Flirren" doch in mir – oder ich bin auch da draußen.

Wir beschließen mit unserem Gewahrsein zur Spitze, wo unsere „Spiegel" zusammentreffen zu gehen. Die Sinneseindrücke multiplizieren sich, ich höre intensiver und auch mehr – höre ich jetzt auch, was die anderen hören? Ich bin alles, was ich wahrnehme. Alles ist da draußen und in mir zugleich – ich bin zugleich auch da draußen.

Robert spricht – ich versuche auch ihn in mich hineinzunehmen – aber das geht nicht, er ist eindeutig nicht „ich". Ich kann ihn nicht in mein Feld hereinnehmen und teile diese Erkenntnis mit. Die anderen experimentieren auch damit und es geht ihnen genau so.

Eine vage, flüchtige Erkenntnis zuckt in mir auf – na klar Robert und die anderen sind selbst auch das Alles und deshalb geht das nicht – aber logisch gibt das gar keinen Sinn.

Alles, was wir erleben ist seltsam weit über uns – oben – und Barbara schlägt vor, doch zu untersuchen, was unter uns ist.

Anfänglich erlebe ich bloß Schwärze – doch mit der Zeit wird das Schwarz durchlässiger und öffnet sich zu einem endlos nach unten reichenden Raum voll verschiedener Schwärze, unterschiedliche „Schwarz-Schleier-Licht-Dimensionen". Ich erlebe Leere und Fülle zugleich – dicht und leer. Mir kommt vor, als nehme ich vage den vierfachen Pyramidenspitz nach unten wahr, doch sind der Spitz und die „Scheiben" durchscheinend und werden überlagert, umgeben und durchdrungen von den vielen „Schwärzen".

Eine geraume Zeit geht gar nichts weiter – ich stecke fest – ich höre immer wieder Geräusche von „oben" und werde so gespalten und kann nicht weiter hinunter – bis Robert sagt: „Wenn man sich die Ohren zuhält, wird es völlig irre und geht ab nach unten."
Wir tun das alle.

Das Schwarz erscheint in so etwas wie Schichten, vonein-ander abgetrennt und doch übergreifend, nicht klar definiert. Schichten um Schichten über- und ineinander und es geht tiefer und tiefer hinunter. Dann erscheinen viele, endlos viele Lichtpunkte – vibrierend, winzig klein, nicht so hell wie Sterne und doch an diese erinnernd. Doch es sind viel, viel mehr – ein einziges Pulsieren und Vibrieren – lebendi-ge Schwärze und Lichtpunkte zugleich – in der Gesamtwirkung den-noch schwarz.

Ich schwebe, sinke, tauche ein, lass mich durchdringen, verliere mich, löse mich auf, ... – Ich weiß nicht, wie lange ich da unten war, aber als ich die Ohren wieder freigebe, höre ich Robert fragen, ob ich ihn höre. Die beiden anderen sind noch weg und Robert sagt, die Worte besonders betonend – und er klingt irgendwie, wie ein Butler in einem vornehmen Haus: „Die Damen sind noch unten". Es klingt völlig grotesk in diesem „Ich-losen", ja eigentlich fast „Mensch-losen" Zustand so zu sprechen und wir kichern und kudern über das Paradoxe der Situation. Wir warten ziemlich lange, bis sich Loon und Barbara wieder melden. Wir alle haben das Gleiche erlebt und ich benenne es als die Ursuppe, die Matrix, den Äther, die gefüllte Leere, Wakan. Loon meint, das Obere, das, wenn man so will „er-kennbare" sei Sasquan. Wir sind wie erschlagen von der Fülle, der Dichte und Klarheit unserer Erfahrung. Robert findet es eigentlich gar nicht so erstaunlich, wir hätten ja auch nach der größten Möglichkeit gefragt. – Ja, stimmt – aber auch nach dem uns erreichbaren und erfahrbaren höchsten Potential. Ist das jetzt ermutigend oder beunruhigend, dass es sooo weit geht?

Ich schlage vor, eine neue Absicht zu sprechen und formuliere sie gleich.

Wir machen uns auf zu erfahren, zu erkennen und zu wissen, was die ersten Schritte sind, die wir individuell oder auch kollektiv unternehmen können, um uns dieser eben gemachten Erfahrung zu nähern.

Ich bin in völliger meditativer Stille – zwischen dem Oben und dem Unten – mein Gewahrsein ist endlos weit nach oben und nach unten aufgespannt. Ich spüre mein aurisches Feld, es ist praktisch „all-umfassend" und doch in der Mitte – mein Bauch – ist voll „fleischlich", überbetont lebendig. Für mich beschließe ich, dass meine Antwort heißt, diese Erfahrung mit in die Meditation zu nehmen und sie möglichst oft und intensiv zu erleben.

Die „Glasscheiben", durch die ich ganz am Beginn dieser Traumsequenzen aus einem „Flugkörper" heraus wahrgenommen habe, sind jetzt eine kristall-gallertig durchscheinende, lebendige Schicht, – der Flugkörper ist das irisierende perlmutter-weiße Ei, die Energie-Bewusstseins-Kugel, das leuchtende Licht-Kokon.

Robert sagt, er sieht uns als vier leuchtende Kugeln auf einer Lichtebene schweben zwischen dem Oben und dem Unten. Da *SEHE* auch ich die anderen – und wir alle haben diese Erfahrung und genießen es eine geraume Weile. Es ist ein in Wahrheit nicht zu beschreibendes Sein und Leuchten und Schweben und Strahlen und stilles Pulsen. Ich nehme mir vor, dass ich mich daran erinnern will, dass alle Menschen in Wahrheit so ein Wesen sind. Besonders, wenn mir jemand wiedermal besonders nervig erscheint.

Ich sage: „Ich sehe zum ersten Mal, wie ein Mensch aussieht" – alle lachen – wahrscheinlich, weil, so wie ich das Wort „Mensch" sage, wirkt es, als würde ich von etwas völlig Fremdem – eventuell einem Alien – sprechen. Jedenfalls geht es den anderen auch so und wir fühlen uns großartig beschenkt.

In meiner, die Schwitzhüttenzeremonie beendenden, Danksagung an die Kräfte bringe ich einiges durcheinander und bemerke daran, dass ich wahrscheinlich doch recht ausgespaced bin. Ich hebe die Tür-Decke einen Spalt hoch – und das einfallende Licht erscheint völlig unwirklich, wie ein Scheinwerfer, der auf die Eingangs-Tür-Decke gerichtet ist. Doch dann ist mir klar, es ist das Licht des frühen Abends, das uns jetzt allerdings wie gleißendes Mittagslicht erscheint – es muss so um 21:30 sein.

Das einfallende Licht lässt uns einander sehen – und was ich sehe, haut mich fast um. Ich habe menschliche Körper noch niemals so absurd und fremdländisch gesehen, wie in diesem Moment. Die Beine, der Rumpf, die Arme, – nichts passt zusammen – alles wirkt grotesk verzerrt. Wir betrachten einander und können uns nicht halten vor Lachen. Wir sind echte Aliens. Groteske Bilder von ertappten Aliens, die in menschlichen Körpern irgendwie Unterschlupf finden wollen. Roberts riesige leuchtende Augen versuchen irgendwie Platz zu bekommen in seinem Gesicht – gleichzeitig verzieht sich sein großer formsuchender Mund zu einer absurden Fratze – an den Lippen hängen die Wangen und irgendwie kämpft das Ganze darum, die Gestalt eines Gesichtes anzunehmen – doch immer wieder zuckt etwas raus – eine nicht in diese Form passende, überschwappende Gestalt. Wir können einander nicht anschauen, ohne uns zu zerkugeln. Ich verlasse schließlich die Hütte mit den Worten „Für alle meine Verwandten, wer immer das auch sein mag". Wir haben das überwältigende Gefühl, die Aliens auf diesem Planeten zu sein. Alles andere, die Natur, die Wiese, die Büsche, die Bäume, der Himmel, – alles passt und ist harmonisch – nur wir sind echt seltsam.

Die Körper dieser nackten Affen in denen wir stecken, passen uns einfach nicht. Es ist wohl das brauchbarste gewesen, was auf diesem Planeten zu finden war – aber es passt einfach trotzdem nicht. Unsere

Beine hängen ungelenk runter am Rumpf und die Bewegungen sind hölzern, staksig und unverbunden. Jetzt, draußen vor der Schwitzhütte, finden unsere kläglichen Versuche statt, diese Körper abzutrocknen und anzuziehen. Immer wieder müssen wir haltlos lachen. Loon sitzt nackt auf der Wiese und beobachtet kichernd, wie Barbara echte Schwierigkeiten hat, ihre endlos lang erscheinenden Beine in einen einigermaßen koordinierten Bewegungsablauf zu bringen – und bei den ersten taumelnden Schritten auch prompt fast auf die Nase fällt. Wir bemerken, dass wir bleiern müde sind und schleppen uns den recht steilen Hang zum Eingang des Tanzplatzes hinauf. Der Tanz ist in vollem Gang und es sieht wunderbar aus. Die Tänzer mit ihren Röcken, mit den Flaumfedern und den „Adler"-Pfeifen wirken wesentlich normaler und passender, als wir einander gerade eben erlebt haben.

Natürlich glaube ich nicht „wirklich", dass wir „Aliens" sind, im Sinn von Außerirdischen, die hier landeten. Wahrscheinlich ist diese Alien-Erfahrung zum Schluss der Zeremonie bloß als Symbol zu verstehen – für die Schwierigkeit und vielleicht auch Einzigartigkeit, der wir Menschen uns zu stellen haben: Unser „irdisch/physisches Sein" und unser „geistig/spirituelles Sein" bewusst zu vereinen und als eine untrennbare zusammengehörige Ganzheit ins Leben zu verwirklichen.

14.2 Der geheimnisvolle Tempel-Raum
und das Finden der „Traum-Landschaft"

Ge-Be-T – Do.1.8.2013 – ca. 10:30 – Robert spricht die Absicht:
Wir machen uns auf, zu erkennen, zu wissen und zu erfahren, was aus dem Feld unseres gemeinsamen Potentials unsere Arbeit mit Menschen erweitert, bereichert und vertieft – und uns mit Freude erfüllt.

Dieses gemeinsame Träumen wird ein sehr ungewöhnliches. Schnell aufeinander folgende Sequenzen wechseln einander stetig ab. Manchmal finden wir uns im Gleichen und dann wieder geschieht Unterschiedliches für jeden von uns.

Eine der Erfahrungen, die für uns alle ähnlich bis gleich war:
Wir erleben eine zu ca. zwei-drittel aus dem Boden ragende liegende Steinfigur, ein riesiger Kopf, mit Maya- oder eher Olmeken-Gesichtszügen – vielleicht auch ein wenig an diese steinernen Figuren auf den Osterinseln erinnernd. Aus dem Mund dieser Figur steigt Rauch nebel-schwaden-haft auf. Dieser Dunst-Nebel-Rauch zieht knapp über dem Boden weiter – hin zu einem „Urwald" – der aus eher niedrigem Buschwald und großen grünen Blättern besteht.
Dann erfahren wir jeder deutlich unterschiedliche Sequenzen, aus denen sich schließen lässt, dass wir jeder unsere spezielle Art erleben, wie wir mit diesem Dunst-Nebel-Rauch, der für uns alle aus derselben Quelle (dem Mund der liegenden Steinfigur) hochsteigt, auf unterschiedliche Art umgehen; – in ihn eintauchen, mit ihm spielen, ihn weiterleiten, ihn präsentieren, ... Das Gemeinsame ist, dass wir alle Schmetterlinge sind, allerdings doch recht deutlich unterschiedliche.
Nach einer ziemlich langen Weile, beschließen wir, in das Maul der Figur, der Quelle des Nebel-Rauches, zu flattern. Ich bin in einem dunklen Gang – es ist höhlenartig und feucht – ich sehe Toten-

masken, alles ist voller Spinnweben, steinerne und hölzerne Statuen, es geht über verfallene Treppenstufen und unübersichtliche Gänge tiefer hinein. Oberflächlich, von den Symbolen her betrachtet, könnte das Ganze abschreckend und gruftig wirken, wie eine Szene aus einem Indianer-Jones-Film, – tut es aber gar nicht wirklich. Ich folge dem Gang tiefer in die Höhle hinein und bemerke, dass ich zur Schlange geworden bin – und schlängle mich weiter, tiefer und tiefer hinein und habe dabei das Empfinden des „Rückwärts-Gleitens" in der Zeit. Eine sich mehr als seltsam anfühlende Zweiteilung geschieht in/mit mir. Während ich als Schlange vorwärtsschlängle, zieht mich etwas gleichzeitig rückwärts – es entsteht dadurch aber keine Spaltung, sondern eine Gewahrseins-Ausdehnung – und in mir taucht die Frage auf, wie lange, wie weit kann dieses „Ausdehnen" geschehen.

Jeder erlebt das Eintreten und tiefer gehen etwas anders, gemeinsam ist, ein im Dunklen, fast schon im Finsteren forschend und nur schemenhaft, undeutlich wahrnehmendes Tiefergehen. Schließlich gelangen wir in eine größere Tempelanlage und stehen vor 12 oder 13 schemenhaften Wesen, ein wenig an Maya-Stelen oder -Statuen erinnernd, von denen wir ahnen, dass sie „Wissensgefäße" sind. (Mich erinnern sie natürlich auch an die seltsamen Wesen, die mir vor vielen Jahren in Yaxchilan erschienen waren). Die Tempelanlage besteht für manche aus vier Tempeln, andere erleben einen Tempel mit vier deutlichen Abschnitten. Jedem von uns ist ein Abschnitt bzw. Tempel zugeordnet. In der Mitte befindet sich ein leerer Raum, der aus jedem der Abschnitte betreten werden kann. Man muss dazu auf zeremonielle Art durch ein verschlossenes Tor gehen. Jeder von uns erträumt/findet seine spezielle zeremonielle Art, diesen Raum zu betreten. Für mich ist es eine Kata-artige, fließende Sorcerer-Pass-Bewegung, die mich mit den vier Richtungen und dem Oben und Unten verbindet.

Jeder hat seine Art, den Raum betreten zu können erfahren – und wir beschließen zu einem späteren Zeitpunkt hier weiterzuträumen und für jetzt aufzuhören.

Wir beenden die Schwitzhüttenzeremonie und draußen zeigen wir einander die jeweils gefundene Tor-Öffner-Art. Gleichzeitig getan ergibt sich ein erstaunlich zusammenpassender gemeinsamer Tanz.

Gleich am Nachmittag machen wir dort weiter, wo wir aufhörten:

Anstelle der üblichen Art die Hütte zu betreten, machen wir jeder seine „Kata" zum Reingehen.

Ich spreche die <u>Absicht</u>:

Wir wollen diesen gemeinsam gefundenen Raum betreten.

Nach dem Anrufungslied, den Beschwörungen und dem Anlegen des Handschuhdoppels träumt sich jeder wieder hin zu dem Tempel und betritt auf seine Art den Raum in der Mitte.

Vor mir taucht sofort ein „leuchtender" Weg auf, ein licht-umfluteter Pfad, leuchtende Steine, licht-glühende Büsche und Sträucher. Der Weg macht vor mir eine leichte Linkskurve und es lockt mich sehr, ihn weiterzugehen. Ich tue dies aber nicht, da ich als Dance-Chief erst den Erfahrungen der anderen Raum geben will.

Diese Erfahrungen, sind alle recht deutlich unterschiedlich. Unsere Versuche die Erfahrungen zu einem gemeinsamen Erlebensstrang zusammenzuführen, enden allesamt in grotesken Situationen. Z.B. der Versuch, in Roberts' Erfahrung einer von uns kreierten Lichtsäule, in der Energie rauf und runter fließt, einzutreten. Ich stecke drin in der Säule, – ein Fuß und eine Hand stehen raus und es geht nichts weiter. Barbara springt immer wieder rein, fährt rauf oder runter und wird wieder rausgeschmissen – und landet immer wieder an der gleichen Stelle. Und auch die anderen kommen, jeder auf andere Art nicht weiter. Schließlich beginnen wir noch einmal mit dem Betreten des Raumes in der Mitte.

Ich erfahre uns sofort als vier Licht-Kokons, die gemeinsam einen großen leuchtenden Lichtball ergeben. Ich schließe daraus, dass es nur weiter geht, wenn wir uns zu einem „Geviert" vereinigen. Barbara erfährt ein großes Steinbecken voll Wasser, eine Art zeremonieller Brunnen – um den wir herumsitzen. Unsere Gesichter spiegeln sich und durch leichte Wellenbewegungen überlagern sich unsere Spiegelbilder und werden eins.

Robert erfährt die gleiche Licht-Energie-Säule von vorher.

Ich spreche eine neue <u>Absicht</u>:

Wir erkennen, wissen und erfahren die ersten Schritte des Gemeinsamen, – einer Vision, eines Projektes.

Robert erfährt uns in verschiedenen Szenen und Abfolgen von Handlungen, die wir in den Zeiten des gemeinsamen Lernens miteinander erlebten – und schließlich endet die Sequenz mit uns Vieren um eine Mesa sitzend, in die wir uns hineinträumen. Ich sitze mit den anderen oben auf einer Pyramide in Mexiko, dann auf einem Zeremonialplatz in Joshua Tree – habe noch ein paar andere Erfahrungen – und allen gemeinsam ist, das Sitzen im Vierer-Kreis und ein brodelndes, kochendes, schäumendes, intensives Fluidum im Zentrum zwischen uns.

Wir beenden unser Ge-Be-T, ohne wirklicher Klarheit, was jetzt eigentlich die Antwort war. Die sollte sich erst später, dafür umso klarer zu erkennen geben.

...

Nachdem wir uns ja vom Lebenstanz „verabschiedet" hatten, gilt es jetzt zu klären, ob und wie es mit uns weitergehen könnte.

Wir sind uns einig darüber, dass wir einander zumindest einmal jährlich physisch treffen wollen, und dass dies aber nicht am Lebens-Tanz-Platz geschehen sollte.

Darüber hinaus wollen wir einander aber in „Träumen" öfter treffen. Genauer geht es uns darum, <u>die Fähigkeit zu entwickeln, gemeinsam beabsichtigend zu Träumen ohne deshalb physisch gemeinsam am gleichen Ort sein zu müssen</u>. Dafür, soviel ist uns klar, brauchen wir einen „dreamscape" – eine Traum-Landschaft, die uns energetisch anzieht, uns vertraut ist und für uns alle stimmt. Der sich anbietende Lebenstanzbaum erscheint uns nicht stimmig, da er uns wieder zu sehr mit dem Lebenstanz verbinden würde.

Loon erinnert sich vage, dass sie bei einem vergangenen Zeremonial-Workshop, den sie in der Gegend abhielt, einmal einen schönen Platz in der Nähe von Rennes les Bains am Fluss gefunden hat. Sie weiß aber nicht mehr genau, wo das war. Wir beschließen, diesen Ort zu suchen, denn, wollen wir uns in einer Traumlandschaft in Zukunft „feinstofflich" treffen, ist es uns ganz wichtig, dass wir auch physisch vorher gemeinsam dort waren.

Wir fahren durch Rennes les Bains durch und parken an einer Stelle, von der man gut zum Fluss runterklettern kann. Nachdem wir ein Stück flussaufwärts gegangen sind, kommen wir plötzlich an eine Stelle, die mich total an eine Sequenz in der letzten Schwitzhütte erinnert. Der Weg, der leicht nach links abbiegt und durch niedrige, dschungelartige Büsche und Bäume führt, liegt vor uns. Es ist genau so, wie ich es erfahren habe – nur das Leuchten fehlt. Wir folgen dem Weg und kommen zu einem natürlichen Wasserbecken, in das ein Wasserfall geradewegs runterfällt. Barbara erkennt es als ihr Becken aus der Schwitzhütte und der glänzende Wasserfall könnte leicht als Roberts Lichtsäule gedeutet werden.

Nahe beim Wasser setzen wir uns im Kreis – und es ist klar, das Geviert in unserer Mitte ist Roberts Traum-Mesa und auf ihr ist das Potential für mein brodelnd, schäumendes Fluidum aus der letzten gemeinsamen Traumerfahrung. Und hier werden wir also in unseren zukünftigen Gemeinsam-Beabsichtigenden-Träumen von verschiedenen Orten aus, unsere leuchtenden Kokons zu einem Lichtball vereinen. So wie ich das in der letzten Schwitzhütte erlebt habe.

Wir wissen, dies ist unsere Traumlandschaft, unser „dreamscape". Hier werden wir uns „hinträumen", um weitere gemeinsame Erfahrungen zu machen.

Ende Teil 2

Anhang:

Da es doch noch eine beträchtliche Zeit dauerte, bis dieses Buch fertig geschrieben und veröffentlicht wurde, kann ich berichten, dass unsere Gemeinsam-Beabsichtigenden-Träume von verschiedenen Orten aus sehr erfolgreich verlaufen sind. Wir haben eine ganze Weile nahezu alle 2 Wochen „geträumt" und sind von den Erfahrungen und Erkenntnissen recht begeistert.

p.s.
Vielen Dank an Wolfgang Faller für einige der Fotos vom Lebenstanz – und
vielen Dank an Batty für einige der Aufnahmen aus Mexiko.

Günther Gold

g-gold@aon.at – www.nagual-schamanismus.com

Barbara Schweizer Weiss

&

Robert Weiss

quecoa@bluewin.ch – www.quetzalcoatl.ch

Loon Schneider

loon@winkel.ch

günther gold

dimensionen
der wirklichkeit

teil 1

nagual-schamanismus,
neue physik & östliche weisheit

tao.de

Hardcover:
 ISBN 978-3-96051-891-4
Paperback:
 ISBN 978-3-96240-009-5
e-Book:
 ISBN 978-3-96240-010-1

Was ist Wirklichkeit? Wie entsteht sie? Wer erschafft sie?
Wie „wirklich" ist sie? Ist sie die gleiche für uns alle? Wie
viel Gestaltungsmacht hat jeder von uns? Und wir alle
gemeinsam? – Wie funktioniert das Zusammenspiel von
Bewusstsein, Energie, Materie? Von Geist, Seele, Körper?
Von Zeit, Raum und den Erfahrens-Dimensionen von Leben und Tod?

Der Autor liefert erstaunliche, faszinierende Antworten.
Uraltes schamanisches Erfahrungs-Wissen, Erkenntnisse
der Neuen Physik und spirituelle Östliche-Weisheits-
lehren verweben sich zu einer inspirierenden Erkenntnis-
Übereinstimmung, die uns einlädt, selbst zu hinterfragen,
zu experimentieren und zu gestalten.

günther gold

dimensionen
der wirklichkeit

teil 3

die grundlagen des
nagual-schamanismus

tao.de

Hardcover:
ISBN 978-3-96240-017-0
Paperback:
ISBN 978-3-96051-930-0
e-Book:
ISBN 978-3-96240-018-7

Im 3.Teil der Trilogie „Dimensionen der Wirklichkeit" gibt der Autor Einblick in das dem Nagual-Schamanismus zugrunde liegende Weltbild und erklärt ein multi-dimensionales Modell des Menschen und seiner feinstofflich-energetischen Anatomie. Es eröffnet sich ein neues, uraltes Verständnis unseres Platzes und unseres Potentials im Gefüge der Schöpfung. Zum Abschluss folgen ein erhellender Überblick über die Evolution menschlichen Bewusstseins und ein inspirierender Ausblick, wie es von Hier und Jetzt weitergehen könnte.